呂思勉 著

呂思勉手稿珍本叢刊

中國古代史札録

35

系世

系譜

名號名諱

禮

上海古籍出版社

第三十五册目録

禮

系世

系世提要

「系世」一包札録，不分札。有手稿七頁，是吕先生從《莊子》《左傳》《史記》《續漢書》《論衡》等史籍中摘出的資料。

吕先生摘録的資料，有些是節録史籍的原文，有些未録原文，只在題頭下注明史料出處。如第二頁「孔晁言夔爲熊摯後，不知所據」注見「《左傳・僖公廿九》『而自竄於夔』疏」，第四頁「讖書文言『堯母慶都野出，赤龍感巳，遂生堯』」注見「《論衡》卷三《奇怪篇》」等。札録中也有加按語的，如第二頁「鬻融、祝融之十三世孫」條，先生加按語：「疏説近强辯。然杜亦不得鑿孔，疑亦如《史記》後稷卒之例。」

文王十子長次名不同

史記管蔡世家殿本考證

武王同母之弟

詩思齊大姒嗣徽音則百斯男

第卅

舜之所出，史無其文，舊說相傳亦出顓頊。左文十八蒼舒之疏

鬻熊祝融之十二世孫。左僖廿六杜注。疏自祝融至鬻熊，司馬遷不說其世。杜言十二世，不知出何書。故劉炫規杜氏。計其間當有千二百年。略而言之，則百年為一世，計父子為十二世。何以得近千二百年乎。今刪定知不然者。以其間或兄弟伯叔相及，皆為君。故年多而世少。或可得實。譏劉更無別文。以意而規杜氏，未為得也。疏說直強辯。然杜亦不得鑿孔，雖亦不史記

后稷卒之例

孔晁言夔為熊摯後，亦不知所據。左僖廿九自竄於夔疏

蚡冒史記武王之先，左氏杜注武王父。左文十六

帝鼎

大荒西經 顓頊—老童 重黎

海內經 后土—噎鳴

大荒東經 少昊孺帝顓頊 顓頊—季禺 顓頊—伯服 大荒

西經 顓頊—淑士 大荒北經 顓頊—叔歜

海內經 黄帝 雷祖—昌意—韓流—顓頊

大戴帝系 帝嚳卜の妃ミミ子皆有天下ミミミ世本ミミミ亦然。詩

生民疏 漢律曆志引帝系曰

讖 方文言堯母慶都野出赤龍感己遂生堯。論衡三奇怪篇

帝嚳の子有天下 五帝三王同祖黄帝。論衡三奇怪篇案帝繫

之篇。及三代世表。禹鯀之子也。高稷皆帝嚳之子也。其母皆帝

嚳之妃也。及堯亦嚳之子。……五帝三王。皆祖黄帝。

宋桓公
- 魚府
- 向帶
- 鱗朱
- 向爲人
- 蕩澤
- 魚石

宋莊公—公孫師

宋戴公
- 華元
- 華喜[redacted]

莊子胠篋。歷舉古帝王之名曰容成氏。大庭氏。伯皇氏。中央氏。栗陸氏。驪畜氏。軒轅氏。赫胥氏。尊盧氏。祝融氏。伏羲氏。神農氏。

漢書古今人表。以伏羲氏居首。繼以女媧氏。共工氏。次爲容成以下六氏。大庭（作大廷）伯皇（作）（驪畜作驪連）其下廁軒轅。而有赫胥。尊盧。要祝融。而有沌渾。昊英。有巢。朱襄。葛天。陰康。亡懷。東扈。帝鴻。次乃爲炎帝。炎帝即有列山氏。歸藏氏。乃至黃帝。蓋以軒轅即黃帝。祝融即女媧。而於神農炎帝列山氏。則以爲異人。

禮記標目下疏引帝王世紀云。伏犧氏之後女媧氏。亦風姓也。女媧氏沒有大庭氏。柏皇氏。中央氏。栗陸氏。驪連氏。赫胥氏。尊盧氏。渾沌氏。昊英氏。有巢氏。朱襄氏。葛天氏。陰康氏。無懷氏。凡十五代皆襲伏犧之號。蓋據古今人表。鈇案應未詳。缺炎帝。蓋几為即黃帝也。

御覽皇王部三引遁甲開山圖。乃盧渾沌之間。仍有祝融。朱襄次陰康氏後。餘皆同世紀。亦云。凡十五代皆襲庖犧之號。注云。自女媧至無懷十五代。合一萬七千七六百十七歲。

司馬貞補三皇本紀。以女媧爲三皇之一。又敘圖緯所謂三皇者說。乃云自人皇已後有五龍氏。燧人氏。次乃列敘世紀大庭至無懷十四君。而於中央栗陸之間增一卷須氏。注云。皇甫謐以爲大庭已下一十五君。皆襲庖犧之號。與禮記疏所引世紀又異。

通鑑外紀引六韜曰：柏皇氏、栗陸氏、驪連氏、軒轅氏、共工氏、宗盧氏、祝融氏、庸成氏、混沌氏、昊英氏、有巢氏、朱襄氏、葛天氏、陰康氏、無懷氏。御覽皇王部一引六韜：昔柏皇氏、栗陸氏、驪連氏、軒轅氏、赫胥氏、尊盧氏、祝融氏，此古之王者也。未使民之化。未賞民之勸，此皆古之善為政者也。至於伏羲氏、神農氏，教民而不誅。黃帝堯舜。誅而不怒云云。

案參看路史前禪辨葛天氏下注

呂覽古樂：朱襄。葛天。陶唐。據云陰康之誤。黃帝。顓頊。帝嚳。帝堯。舜。禹。湯。武王。

續漢書郡國志陳國陳注：陳古株邑，蓋朱襄之地

系譜

系譜提要

「系譜」一包札録。内分三札：第一札是先生據日本學者長谷川貞一郎等編《萬國讀史系譜》摘録的「琉球安南世系」十一頁，原裝訂成一本。第二札，共二十九頁，有南詔世系圖、朝鮮世系圖、箕氏世系圖、蒙兀兒朝世系圖、匈奴世系圖、日本世系圖，以及一頁讀書筆記。第三札是一份講義的刊印稿，原係國立瀋陽高等師範學校「東亞各國史講義」的日本史部分（第一至第四章及各類世系表），此次整理未予收録。

世系

據日本長谷川貞一郎 武藤虎太 牧山清 纂閱

講文子譯 富山房刻

琉球安南世系

琉球

天孫氏二十五世 年紀諱号不詳

(一)舜天王 伝云源為朝之子 一八〇七—一八九七 —(二)舜馬順熙 一八九八—一九〇八 —(三)義本 一九〇九—一九一九

(四)英祖 天孫内裔恵祖之子 一九二〇—一九五九 —(五)大成 一九六〇—一九六八 —(六)英慈 一九六九—一九七三

—(七)玉城 一九七四—一九九六 —(八)西威 一九九七—二〇〇九

(九)察度 浦添按司奥間大親之子 二〇一〇—二〇五五 —(十)武寧 二〇五六—二〇六五

(十一)尚思紹 佐敷按司[redacted]鮫川大主之子 二〇六六—二〇八一 —(十二)尚巴志 二〇八二—二〇九九

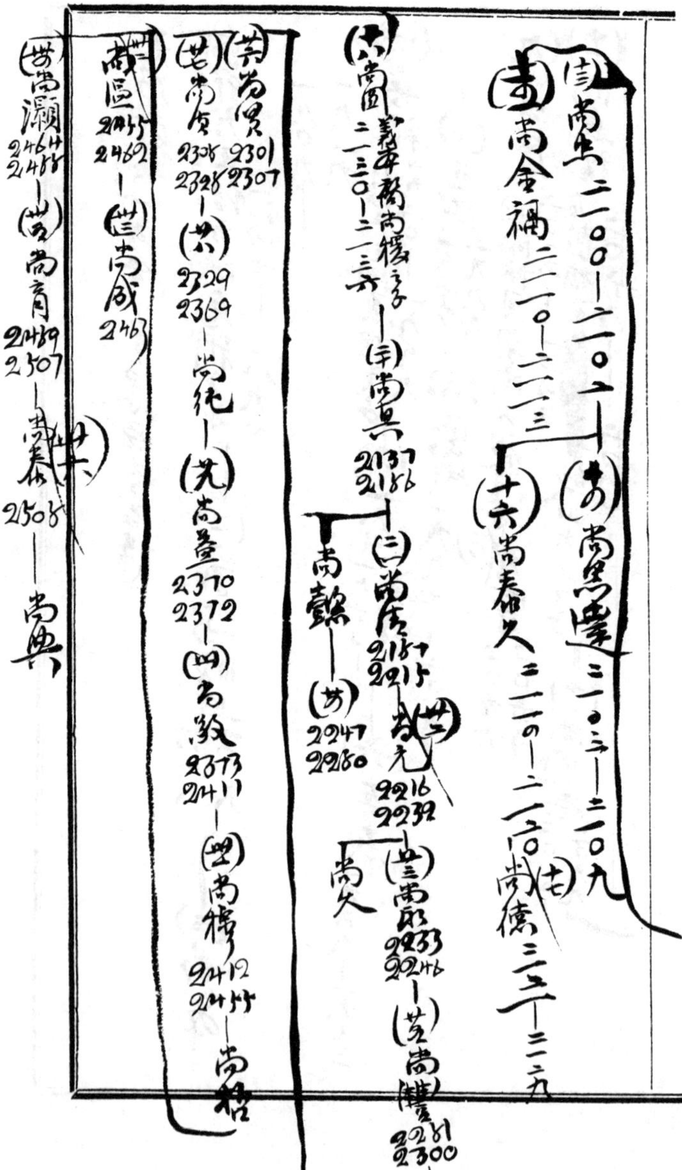

交阯 吳氏 四世 二十七年

吳權 938 944 楊廷藝牙將 — 平王三哥 楊氏權 主妃弟 945 950 — 天策王昌岌 951 954 — 昌文 954 965

瞿越 丁氏 二世 十三年

瞿越皇帝部領 970 981 — 南越王璉 ｜ 衛王璿 981 ｜ 項郎

安南 黎氏 三世 廿九年

大行皇帝黎桓 980 1003 — 中宗龍鉞 1003 1004 — 開明王龍鋌 1005 1008

大越李氏九世[illegible]年

(一)太祖李公蘊 1010—1027 —(二)太宗佛瑪 1028—1054 —(三)聖宗日尊 1055—1077 —(四)仁宗乾德 1071—1127

—崇賢侯 —(五)神宗陽煥 1127—1138 —(六)英宗天祚 1138—1175 —(七)高宗龍翰 1176—1211 —(八)惠宗昊旵 1211—1224 —昭皇佛金 1225—1226

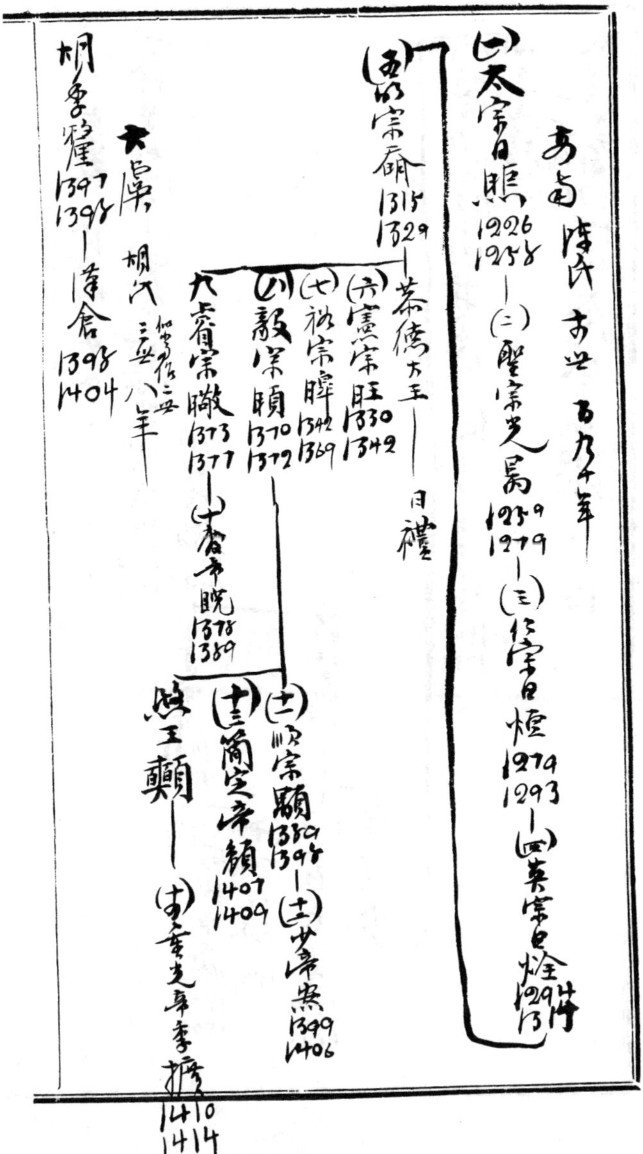
安南 陳氏 十四世 百九十年
(一)太宗日煚 1226 1258
(二)聖宗晃 1259 1279
(三)仁宗日烜 1279 1293
(四)英宗日烇
(五)明宗奣 1315 1329
恭德大王 日禮
(六)憲宗旺 1330 1342
(七)裕宗暭 1342 1369
(八)藝宗暊 1370 1372
(九)睿宗曔 1373 1377
(十)廢帝晛 1378 1388
(十一)順宗顒
(十二)少帝安
(十三)簡定帝頠 1407 1409
陳王顒
(十四)重光帝季擴 1410 1414
大虞 胡氏 二世 八年
胡季犛
胡漢蒼

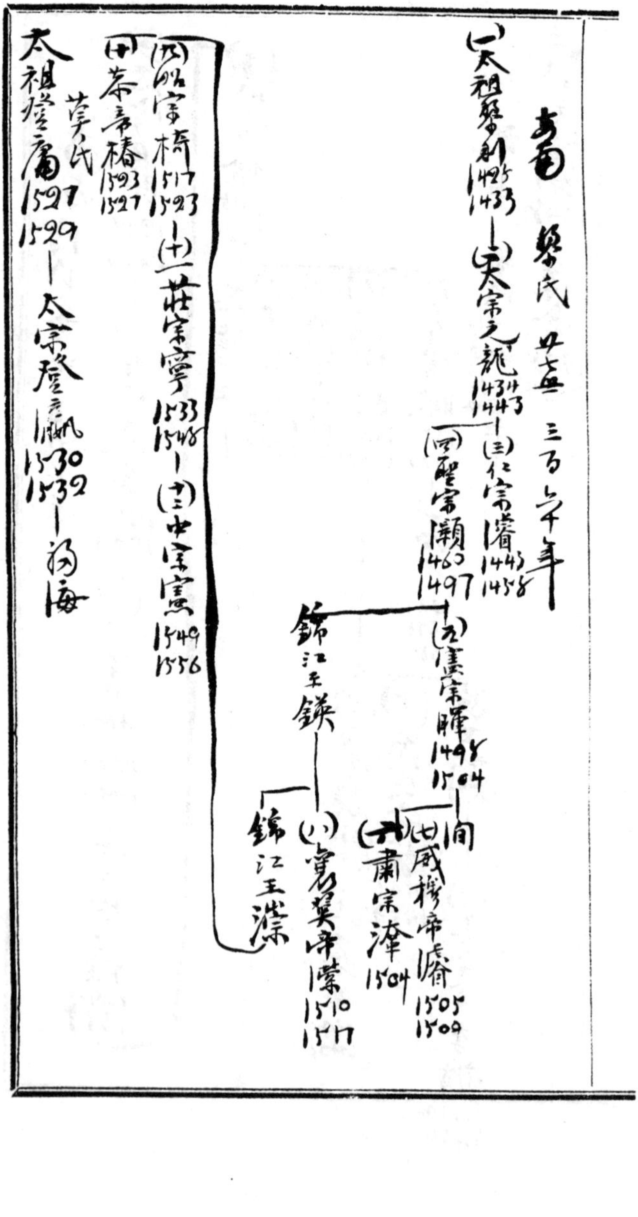

黎
黎氏 廿五 三百六十年
(一)太祖黎利 1428 1433
(二)太宗元龍 1434 1442
(三)仁宗濬 1443 1458
(四)聖宗灝 1460 1497
(五)憲宗暉 1498 1504
錦江王鋑
洵
(六)肅宗漴 1504
(七)威穆帝濬 1505 1509
(八)襄翼帝瀠 1510 1517
錦江王漴
(九)昭宗椅 1517 1523
(十)恭帝椿 1523 1527
(十一)莊宗寧 1533 1548
(十二)中宗暄 1549 1556
莫氏
太祖登庸 1527 1529
太宗登瀛 1530 1532
福海

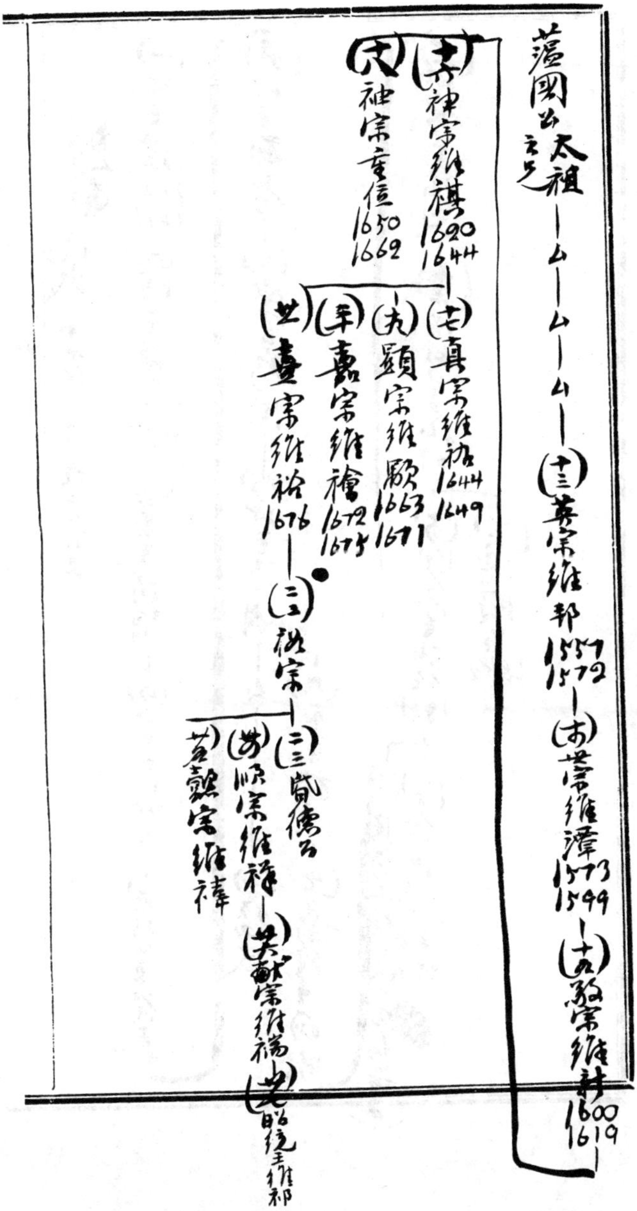
蘊國公太祖之玄
—ム—ム—ム—ム—
(十三)英宗維邦 1557 1572
(十四)世宗維潭 1573 1599
(十五)敬宗維新 1600 1619
(十六)神宗維祺 1620 1644
(十八)神宗重位 1650 1662
(十七)真宗維祐 1644 1649
(十九)顯宗維禑 1663 1671
(廿)嘉宗維禬 1672 1675
(廿一)熙宗維祫 1676
(廿二)裕宗
(廿三)昏德公
(廿四)純宗維祥
(廿五)懿宗維祳
(廿六)顯宗維祧
(廿七)昭統帝維祁

越南　阮氏　十五　二百九十六年

(一)阮王潢 1600 1616 —(二)清王福源 1614 —(三)章王福瀾 —(四)富王福瀕 —(五)英王福溙

(六)明王福淍 —(七)寧王福澍 —(八)武王福闊 —ム—(十)福㫻

(九)定王福淳

(十一)嘉隆王福映

(十二)明命王弘文 —(十三)紹治王弘昕

(十四)嗣德王弘任 1883

(十六)瑞國公 1882

(十五)佚國公 1883 德明

(十七)建福王福昊 1884

同慶帝

與并加路、受侵寇亦愈深矣

南詔世系圖

王蒙氏父子以名相屬，自舍龍以來有譜次可考，至舍利始慕中國，不肯連父名

(一)舍龍—(二)獨邏 亦曰細奴邏 —(三)邏盛炎—(四)炎閣

(三)邏盛炎—(五)盛邏皮—(六)皮邏閣 賜名歸義

(七)閣羅鳳 皮邏閣嗣子 ○天寶七年—鳳迦異—(八)異牟尋 代宗大歷十四年—(九)尋閣勸 或謂夢湊○憲宗元和三年

(九)尋閣勸—(十)[redacted]勸龍晟 元和四年

(九)尋閣勸—(十一)勸利 元和十一年

(九)尋閣勸—(十二)豐祐 穆宗長慶三年

(十三)酋龍 宣宗大中十三年—(十四)法—(十五)舜化

段氏世系圖

（一）段思平—（二）思英

（三）思良—（四）素順 宋太祖建隆四年—（五）素英 太宗雍熙二年—（六）素廉 真宗 [redacted]慶

大中祥符二年—（七）素[redacted]隆 天禧[redacted]年—（八）素貞 仁宗天聖四年—（九）素興 曆元年

國人以其年為
慶元而立思廉

（十）思廉 の年 廉孫 —（十一）連義 神宗熙寧八年

（十二）[illegible]壽輝 元豐三年 —（十四）正明 元豐九年

（十五）正淳 哲宗紹聖二年 —（十六）正嚴 徽宗大觀初年 —（十七）正興 高宗紹興十七年 —（十八）智

興 孝宗乾道八年 —（十九）智連

（二十）智祥 寧宗開禧元年 —（二十一）祥興 理宗嘉熙三年 —（二十二）興智

元明之際十一世

（一）寶 —（二）忠 —（三）慶元 —（四）正 —（五）隆 —（六）俊 —（七）義 —（八）光 —

（九）功 —（十）寶 —（十一）明

狀元及第

朝鮮世系圖

(一)太祖李旦 明太祖洪武二十六年

(二)定宗𣶏 惠帝建文元年

(三)太宗芳遠 建文三年

(四)世宗祹 成祖永樂十七年

(五)文宗珦 景泰二年

(六)端宗弘暐 景泰三年

(七)世祖瑈 天順元年

德宗暲

(八)睿宗晄 憲宗成化六年

(九)成宗娎 成化七年

(十)燕山君㦕 孝宗弘治九年

(十一)中宗懌 武宗正德二年

(十二)仁宗皓 世宗嘉靖十五年

(十三)明宗峘 嘉靖十六年

德興大院君岹

(十四)宣祖昖 嘉靖三十八年

(十五)光海君琿 萬曆[illegible]十一年

元宗琈

(十六)仁祖倧 天啟[illegible]年

(十七)孝宗淏 清順治八年

(十八)顯宗棩 順治十八年

青雲室

（十九）肅宗焞 康熙十五年
—（二十）景宗[illegible]正一年
—（廿一）英祖昑[illegible]年

荘祖愃
—恩彥君裀—全溪大院君㼅—（廿五）哲宗昪 咸豊二年
—（廿二）正祖祘 乾隆四十三年—（廿三）純祖玜 嘉慶七年—文祖旲—（廿四）憲宗奐 道光十七年
—恩信君禛 養子—南延君球—興宣大院君昰應—（廿六）李太王㷩 同治五年

（廿七）李王坧 光緒三十三年

箕氏古朝國在[illegible]和以及者著其元年之中國年代以[illegible][illegible]但著其在位年數

(十)文聖王胥餘在位三十五年 (十)莊惠王㮇 (三)敬孝王洵二十七年 (四)恭

貞王伯三十年 (二)文武王椿二十八年 (六)太原王孔四年

(十七)景昌王莊十一年 ─(十八)興平王提十四年 ─(十九)懿威王詣 十一

─某

(二十)宣惠王索 二十九年 ─(二十一)謂讓王仰 四十三年 ─(二十二)天惠王炎 六十年

(十三)威德王越 周宣王三十五年 ─(十四)懷懷王職 周幽王四年

[illegible] ─ 雺雲伯 ─ (十五)文烈王優 周幽王六年

─(十六)景國王睦 周平王十年 ─(十七)武威王丕 周平王二十三年 ─(十八)貞

敬王闞 周平王四十九年 ─(十九)寧成王懷 周桓王十二年 ─(二十)孝王存 ─(二十

十一)天老王孝 周惠王十九年 ─(二十二)修道王巽 周景王十八年 ─(二十三

徽王適 周王四年 ─(二十四)秦青王秦 周王十三年

(二十五)德昌王僅 周簡王八年 奉曰王遠錄○ ─(二十六)惠王朝 周 十二年

∟(二十七)英傑王黎周敬王元年 ∟(二十八)逸聖王罔周敬王十七年 ∟(三十九)瀛世王泯周敬王三十四年 ∟(三十)靖國王瞬周貞定王四年 ∟(三十一)勇國王焰周考王九年 ∟(三十二)赫聖王睦周威烈王十三年 ∟(三十三)和羅王謂周安王十七年 ∟(三十四)説文王瑄周烈王七年 ∟(三十五)慶順王華周顯王八年 ∟(三十六)嘉德王翊周顯王二十七年 ∟(三十七)三老王耀周赧王五年 ∟(三十八)顯文王釋周赧王二十五年 ∟(三十九)章平王潤秦始皇三年 ∟(四十)宗統王杏秦始皇十五年 ∟(四十一)哀王雍秦始皇二十六年 ∟(四十二)武康王曻漢惠帝二年 ∟(四十三)安王龍惠帝六年 ∟(四十四)惠王寔文帝後七年 ∟(四十八)明王武[illegible]六年 ∟(四十九)孝王亨漢[illegible]四年 ∟(五十)[illegible]王彭漢宣帝本始元年 ∟(五十一)元王勳漢宣帝神爵四年 ∟(五

十二 稽王貞 傳位帝建 始元年 五十

十三 王嬰 傳位帝鴻 嘉三年

元王三子長友平大位為鮮于氏次友訓大位為奇氏次友諒

其後為韓氏箕氏譜王事迹年代均見鮮于氏考證

(一)高王大祚榮 周中宗 二年

戊開元二十六

宏臨

(二)武王武藝 玄宗開元七年

(三)文王欽

(四)成王華璵 德宗貞元十一年

(五)康王嵩璘 貞元十二年

(六)定王元瑜 憲宗元和四年

(七)僖王言義 元和十一年

(八)簡王明忠 元和十五年

(九)宣王 仁秀 高王弟野勃四世孫□移—德新— [redacted] 宗長慶元年

(十)彝震 [redacted] 二六誤 [redacted]

(十一)虔晃 二六誤□懿宗 咸通元年

(十二)景王玄錫 咸通十三年

(十三)哀王諲譔 唐昭宗天復三年

遼帝系圖

(一)太祖億(阿保機)梁太祖開平元年

倍

(二)太宗德光(堯骨)梁末帝龍德元年

(四)穆宗璟(述律)周太祖廣順二年

(三)世宗阮(兀欲)漢高祖天福元年

(五)景宗賢宋太祖開寶三年

(六)聖宗隆緒(文殊奴)宋太宗太平興國八年

(七)興宗宗真(只骨)宋仁宗天聖九年

(八)道宗洪基(查剌)仁宗至和二年

濬(耶魯斡)

(九)天祚帝延禧(阿果)宋徽宗建中靖國元年

噶爾丹[illegible]
(一)[illegible]世宗雍正元年(二)[illegible]乾隆[illegible]
三十[illegible]年(四)[illegible](五)[illegible]第一[illegible]清世祖順治十五年

(六)[illegible]二十六年[illegible]康熙[illegible](七)[illegible]康熙[illegible](八)[illegible]
[illegible](九)[illegible]康熙[illegible]十[illegible]年[illegible]阿[illegible]乾隆(?)[illegible]
(十)[illegible]十[illegible]年[illegible](十一)[illegible]乾隆二[illegible](十二)[illegible]十四年[illegible]

新華製

匈奴世系圖一

(一)單于頭曼—(二)單于冒頓—(三)老上單于稽粥 漢文帝前六年

(四)軍臣單于 文帝後五年

(五)伊稚斜單于 武帝元朔二年—(六)烏維單于 武帝元鼎三年

(七)兒單于詹師廬 武帝元封六年

(八)句黎湖單于 武帝太初三年

(九)且鞮侯單于 太初四年

(十)狐鹿姑單于 武帝太始元年

[redacted]

(十一)壺衍鞮單于 昭帝始元二年

(十二)虛閭權渠單于 宣帝本始四年地節二

郅支骨都侯單于呼屠吾斯

呼韓邪單于稽侯狦

左大將

[redacted]

車犂單于

(十三)握衍朐鞮單于屠耆堂 [redacted] 宣帝神爵二年 ○漢書云烏維單于耳孫恐不可信

屠耆單于薄胥堂　從兄屠耆堂

閏振單于　屠耆堂從弟

呼揭單于

烏籍單于

匈奴世系圖二

匈奴謂孝爲若鞮。呼韓邪與漢親密，見漢謚帝爲孝，慕之，故皆爲若鞮，以前但稱鞮

（一）呼韓邪單于　稽侯㹪

（二）復株累若鞮單于　雕陶莫皋　成帝建始二年

（三）搜諧若鞮單于　且麋胥　成帝鴻嘉元年

（四）車牙若鞮單于　且莫車　成帝元延元年

（五）烏珠留若鞮單于　囊知牙斯　成帝綏和元年

[illegible]

呼韓邪單于

（六）烏累若鞮單于咸 王莽始建國五年

（七）呼都而尸道皋若鞮單于輿 天鳳五年

（八）烏達鞮侯單于 漢光武建武[redacted]二十[redacted]年

（九）單于蒲奴 建武二十二年

優留單于

匈奴南分爲二 建武二十四年

（一）呼韓邪單于比

（四）醢僮尸逐侯鞮單于適 明帝永平二年

[redacted]

（十）亭獨尸逐侯鞮單于師子 永元六年

（六）胡邪尸逐侯鞮單于長 永平六年

(十一)萬氏尸逐鞮單于檀 永元十年

(十二)烏稽侯尸逐鞮單于拔 安帝延光三年

(十三)去特若尸逐就單于休利 順帝永建四年

(八)休蘭尸逐侯鞮單于屯屠何 章帝章和二年

(二)丘浮尤鞮單于莫 建武中元元年

(五)丘除車林鞮單于蘇 永平六年

(三)伊伐於慮鞮單于汗 中元二年

(七)伊屠於閭鞮單于宣 章帝元和二年

(九)安國單于 和帝永元五年

(十四)呼蘭若尸逐就單于兜樓儲 漢順帝漢安二年

(十五)伊陵尸逐就單于居車兒 桓帝建和元年

(十六)屠特若尸逐就單于某 靈帝熹平元年

(十七)呼徵單于 靈帝光和元年

(十八)單于羌渠—(十九)持至尸逐侯單于於扶羅

(二十)單于呼廚泉

日本世主圖　此者表明次為某天皇之始

(一)神武天皇日本磐余彦　廟東一王　七十六年　(二)綏靖天皇神渟名川

耳　廟尚王

三十三年　(三)安寧天皇磯城津彦玉手見　廟崇王　三十八年　(四)懿德

天皇大日本彦耜友　廟毅王　三十四年　(五)孝昭天皇觀松彦香殖稻　廟

王三

年　(六)孝安天皇日本足彦國押人　廟安王　百二年　(七)孝靈天皇

大日本根子彦太瓊　廟韶王三　七十六年　(八)孝元天皇大日本根子彦

國牽　孝元天皇[illegible]　五十七年　(九)開化天皇稚日本根子彦大日日　廟文帝　六十年

(十)崇神天皇御間城入彦五十瓊殖　廟武帝天　六十八年　(十一)垂仁天

皇活目入彦五十狹茅　廟成帝　九十九年　(十二)景行天皇大足彦忍代

別　廟順帝　六十年　日本武尊　(十三)成務天皇稚足彦　廟順帝　六十年

(十四)仲哀天皇 足仲彦 漢獻帝初平三年

(十五)神功皇后 氣長足姬 漢獻帝建安六年

(十六)應神天皇 名譽田別 晉武帝泰始六年

(十七)仁德天皇 大鷦鷯 晉愍帝建興元年

(十八)履中天皇 去來穗別 晉安帝隆安四年

(十九)反正天皇 瑞齒別 晉安帝義熙二年

(二十)允恭天皇 雄朝津間稚子宿禰 晉安帝義熙八年

(二十一)安康天皇 穴穗 宋孝武帝孝建元年

(二十二)雄略天皇 大泊瀨幼武 宋孝武帝大明元年

(二十三)清寧天皇 白髮武廣國押稚日本根子 齊高帝建元二年

某市邊

(二十四)仁賢天皇 億計 齊武帝永明六年

二

（廿三）顕宗天皇 宏計 治二年 宋武帝永

（廿六）武烈天皇 小泊瀬稚鷦鷯 齊東昏侯永元二年

（廿七）継体天皇 [redacted] 男大迹 応神五世孫 梁武帝天監六年

（廿八）安閑天皇 勾大兄 梁武帝中大通六年

（廿九）宣化天皇 武小廣国押盾 梁武帝大同二年

（三十）欽明天皇 天国排開廣庭 大同六年

（三一）敏達天皇 渟中倉太珠敷 陳宣帝大建の年

（三二）用明天皇 橘豊日 隋文帝開皇六年

（三三）崇峻天皇 泊瀬部 開皇八年

（三四）推古天皇 豊御食炊屋姫（女皇） 開皇十二年

某—（三四）舒明天皇田村 唐太宗貞觀二年

（三五）皇極天皇天豐財重日足姬 貞觀十六年□月即位稱

齊明天皇高宗顯慶元年

（三七）孝德天皇天萬豐日稱 貞觀二十一年

（三八）天智天皇中大兄 唐高宗總章元年

（三九）弘文天皇大友 唐高宗咸亨三年

（四十）天武天皇大海人 咸亨の年

[redacted]

（四一）持統天皇高天原廣野 周天授之年

草壁太子

（四三）元明天皇阿閇 唐中宗景龍二年

（四二）文武天皇阿蹄 周神功之年

（四五）聖武天皇天璽國押開豐櫻彥 開元十二年

（四四）元正天皇冰高 唐玄宗開元三年

二

(四六)孝謙天皇阿倍(女皇)玄宗天寶八年　再即稱德高野
[illegible]天皇代宗廣德二年
(四七)光仁天皇白壁　天智孫　代宗大曆十五年
(四八)桓武天皇山部　德宗建中二年
(四九)平城天皇安殿　憲宗元和元年
(五十)嵯峨天皇神野　元和六年
(五一)淳和天皇大伴　穆宗長慶二年
(五二)仁明天皇正良　文宗大和八年
(五三)文德天皇道康　宣宗大中三年
(五四)清和天皇惟仁　大中十三年
(五五)陽成天皇貞明　唐僖宗乾符四年
(五六)光孝天皇時康　僖宗光啓元年
(五七)宇多天皇定省　昭宗文德元年

日本世系圖二

（五十二）嵯峨天皇神野　唐憲宗元和五年

（五十三）淳和天皇大伴　唐穆宗長慶四年

（五十四）仁明天皇正良　唐文宗太和五年

文德天皇道康　唐宣宗大中三年

清和天皇惟仁　大中十三年

陽成天皇貞明　唐僖宗乾符四年

（五十八）光孝天皇時康　唐僖宗光啓元年

宇多天皇定省　唐昭宗龍紀元年

醍醐天皇敦仁 昌明 唐昭宗光化元年

（六十一）朱雀天皇寛明 後唐明宗長興元年

（六十二）村上天皇成明 後晉高祖天福元年

（六十三）冷泉天皇憲平 宋太祖開寶元年

（六十五）花山天皇師貞 宋太宗雍熙二年

（六十四）圓融天皇守平 中 開寶二年

（六十六）一条天皇懐仁 雍熙三年

（六十八）後一条天皇敦成 真宗天禧元年

（六十七）三条天皇居貞 宋真宗大中祥符五年

（六十九）後朱雀天皇敦良 宋仁宗景祐四年

（七十）後冷泉天皇親仁 仁宗慶曆六年

（七十一）後三条天皇尊仁 宋神宗熙寧二年

（七十二）白河天皇貞明 熙寧六年

（七十三）堀河天皇善仁 哲宗元祐二年

（七十四）鳥羽天皇宗仁 徽宗大觀二年

（七十五）崇德天皇顯仁 徽宗宣和六年

（七十六）近衛天皇體仁 高宗紹興十二年

（七十七）後白河天皇雅仁 紹興二十六年

（七十八）二条天皇守仁 紹興二十九年

（七十九）六条天皇順仁 孝宗乾道二年

（八十）高倉天皇憲仁 乾道四年

（八十一）安德天皇言仁 孝宗淳熙八年

（八十二）後鳥羽天皇尊成 淳熙十三年

（八十三）土御門天皇為仁 寧宗慶元元年

（八十四）順徳天皇守成 寧宗嘉定の年

（八十六）後堀河天皇茂仁 寧宗嘉定十四年

（八十八）後嵯峨天皇邦仁[redacted]年

（八十五）仲恭天皇[redacted]懐成の年 寧宗嘉定十

（八十七）四条天皇秀仁五年 理宗紹定

（八十九）後深草天皇久仁七年 淳祐

● 後伏見天皇胤仁 成宗大徳二年

（九十）亀山天皇恒仁 理宗景定元年

（九十二）伏見天皇煕仁 元世祖至元二十五年

（九十一）後宇多天皇世仁 恭宗徳祐元年

（九十四）後二条天皇邦[redacted]仁 大徳六年

（九十六）後醍醐天皇尊治 仁宗延祐五年

（九十七）後村上天皇義良 元順帝至正元年

（九十八）[redacted]天皇寛成 明太祖洪武元年

九九 後龜山天皇熙成 計八年 [illegible]

一〇〇 後小松天皇幹仁 後伏見玄孫○ 三十六年

一〇一 稱光天皇實仁 成祖永樂 [illegible]

一〇二 後花園天皇彦仁 宣宗宣德 の年

一〇三 後土御門天皇成仁 憲宗成化二年

一〇四 後柏原天皇勝仁 孝宗弘治 [illegible] 年

一〇五 後奈良天皇 [illegible] 世宗嘉靖六年

一〇六 正親町天皇方仁 世宗嘉靖三十七年

一〇七 後陽成天皇周仁 神宗萬曆十五年

一〇八 後水尾天皇政仁 [illegible] 十年

一〇九 明正天皇興子 毅宗崇禎二年

一一〇 後光明天皇紹仁 崇禎十七年

一一一 後西院天皇良仁 清世祖順治十二年

一一二 靈元天皇識仁 清聖祖康熙二年

（百十三）東山天皇朝仁 康熙二十六年

（百十四）中御門天皇慶仁 康熙四十八年

（百十五）櫻町天皇昭仁 高宗乾隆元年

（百十六）桃園天皇遐仁 乾隆十二年

（百十八）後桃園天皇英仁 乾隆三十六年

（百十七）後櫻町女皇智子 乾隆二十八年

（百十九）光格天皇兼仁 東山天皇曾孫 乾隆四十五年

（百二十）仁孝天皇 仁宗嘉慶二十二年

（百二十一）孝明天皇 宣宗道光二十七年

（百二十二）明治天皇睦仁 穆宗同治七年

[redacted]帝系

民族遠祖

因年代遠故譜系不確然乃由假設則誤家國私産

趙原頁161

名號名諱

名號名諱提要

「名號名諱」一包札録，内分「名號」「名諱」兩札。大部分是吕先生從《左傳》《史記》《漢書》等史籍上摘出的資料，也有一些是讀《吾學録》《十三經詁答問》等書籍及報刊雜誌所做的筆記。

吕先生的札録，通常會在天頭或紙角寫上類别名稱，如「名」「名諱」「謚」「名字」等，有些也寫題頭。札録中的資料，多是史籍原文的節録，並注明篇名卷第；也有一些未録原文，只在題頭下注明資料出處。如第五〇頁「優伶之名與姓通取一義，二百八八1下」（即《資治通鑑》卷二八八第一頁反面），第二三三頁「朝堂諱榜」注見《齊書·王慈傳》「四六2上」（即卷四六第二頁正面）。札録中也有加按語的，如第五九頁「慕古人與之同名」引《史記·項羽本紀》原文，「勉案：司馬相如亦慕藺相如」；又如第五二、一〇〇、一七七、一八五等頁，也都有長短不一的按語。

「名號名諱」一包，也有一些剪報資料，此次整理只收録了一小部分；札録的手稿部分，均按原樣影印刊出。

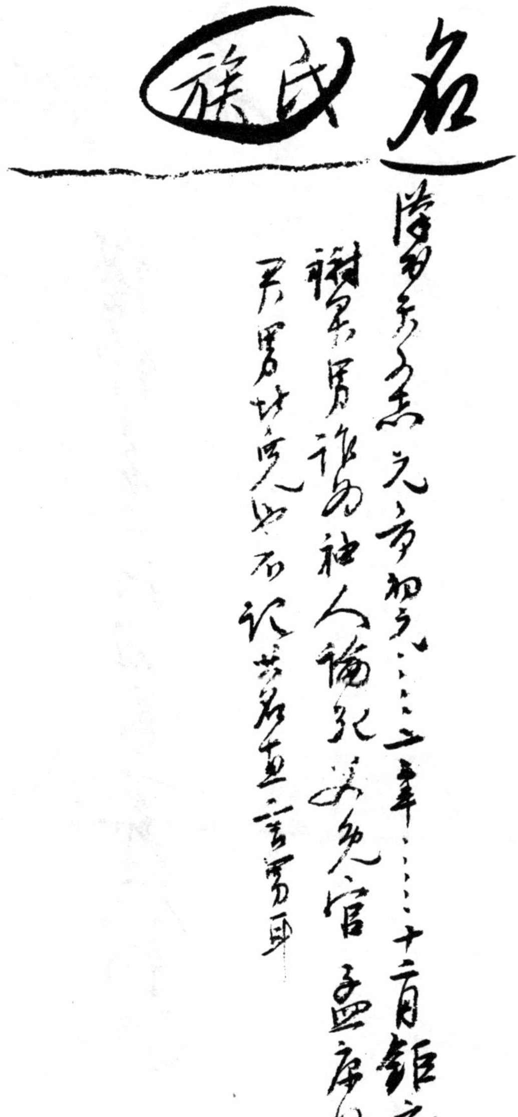
名
氏族

右鏡

隱修々者揅通取一義[illegible]述

諱名

非彩先生碑文字御書上字醫上

字滿石去高御名仍避

定十七史

齋稚

名諱

墨分劉繼業字繼業傳

新莽何子儀字子儀

此其例人即以名爲字也

審陽年字見十七史商榷

名諱

元庶民無職者不許取名止以行第及父母年齒合計為名（見春在堂隨筆引蔡氏圖譜）閭巷細民固無名者從是也不許取名者蓋取名則可冒充官學耳

名刺門狀。通鑑梁大同十一年注。古者未有紙。削竹木以書姓名。謂之刺。後以紙書。故謂之名紙。唐李德裕貴盛。人務加禮。改具銜候起居之狀。謂之門狀。（卷一五九注）

右

幼字

水經陰溝水注（武平縣故城）城之西南七里許有漢尚書令虞詡碑題云虞君之碑諱詡字定安。」按范曄後漢書詡字升卿陳國武平人祖為縣獄吏治存寬恕嘗曰于公為里門子為丞相吾雖不及于公子孫不患不為九卿故字詡曰升卿定安蓋其幼字也

名諱

讀律餘談（七）

老圃

韓愈文有諱辯。人多誦之。少時讀此文。疑韓之辯爲贅。後讀唐律。有諸府號官稱犯父祖名而冒榮居之之條。始知韓愈此文乃解釋法律文也。長孫無忌名例疏議謂父祖名常。不得任太常官。名卿不得任卿職。又職制疏議。謂父祖名衞。不得爲諸衞任官。名安不得任長安縣職。名軍不得作將軍。名卿不得居卿任。故當時類推解釋。遂謂父名晋肅。子不得舉進士。其實韓愈之辯。不必廣引例證。但當引唐律。折之。唐律上書奏事犯諱條。嫌名。及二名偏犯者不坐。註嫌名。謂禹與雨。丘與區。二名。謂言徵。不言在。言在不言徵之類。則父名晋肅。不特進爲嫌名。不必諱。且晋肅爲二名。不必偏諱矣。吾國諱法最爲無理。唐宋以來。習於諂僞。諱及嫌名。尤背禮經。韓愈雖著諱辯。然李賀仍以父諱不舉進士。則韓之解釋論實不爲當時所採用。宋史有劉熙古者。因其祖名寶。進不舉進士。後唐長興中以三傳舉。知五代之世。猶沿此例也。

名

後漢書人諱二名

梁任公云「讀後漢書列傳，除方術傳中有六人用二名外，其六人疑皆係某為其字」自餘皆單名也

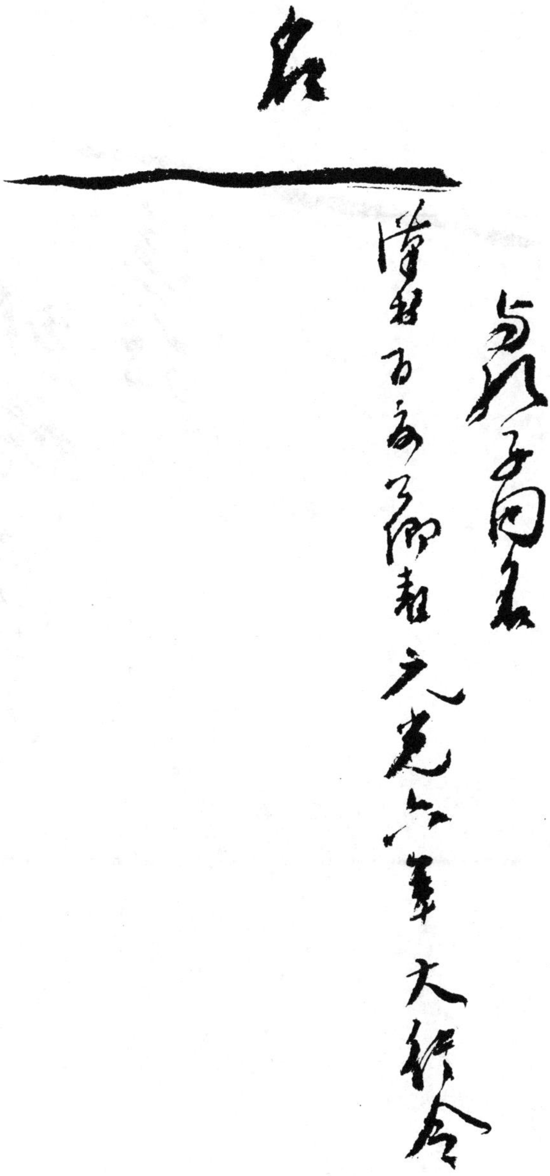

一 隱語 別號 避諱

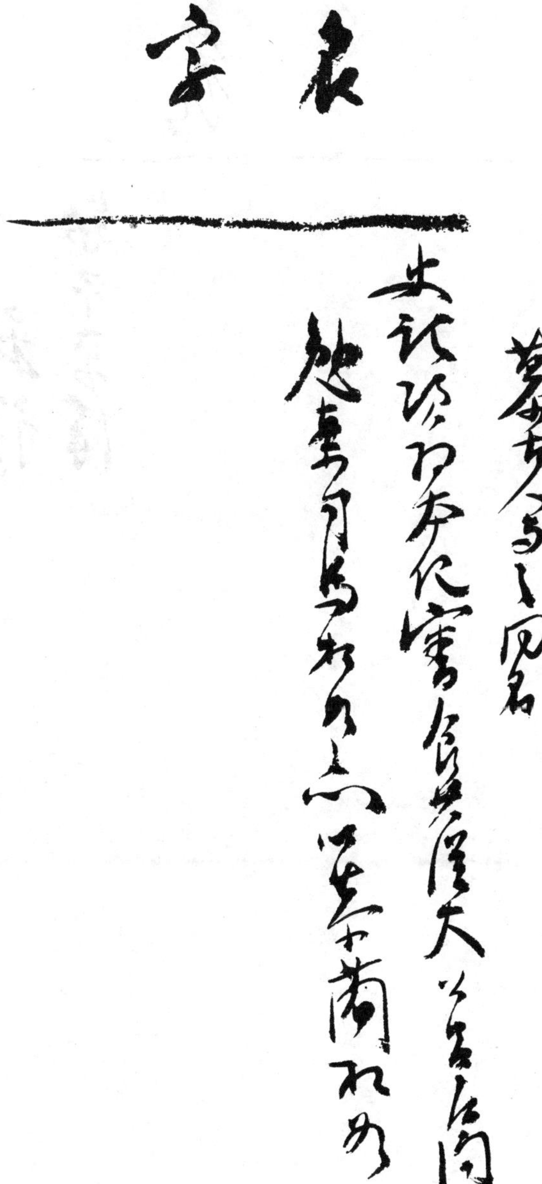

秦

私謂

劉平東傳

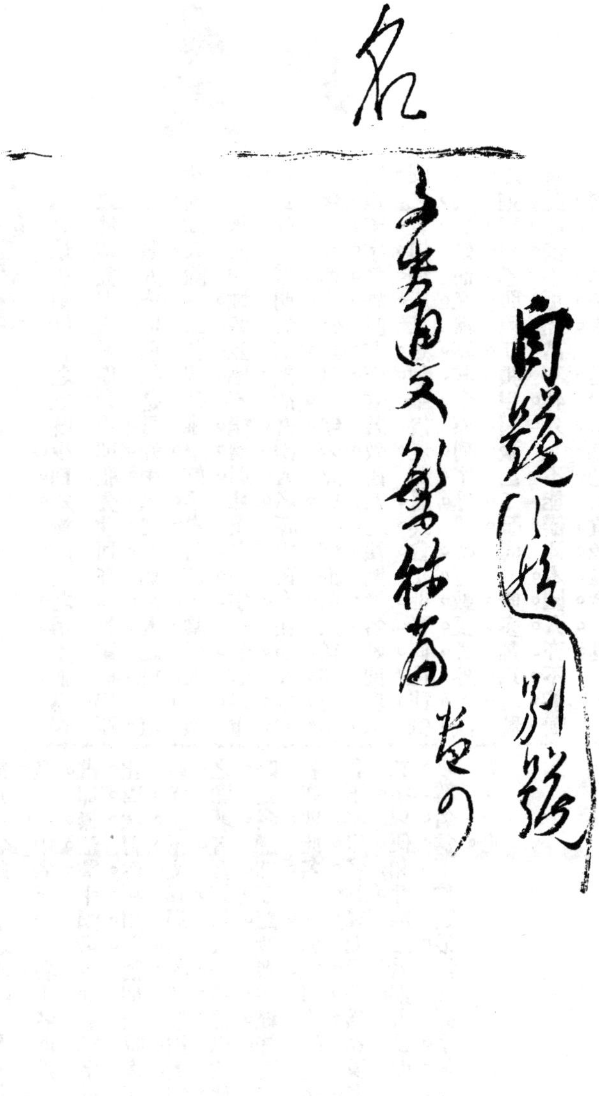
名
別號

名族

姓與名

老圃

我國姓最少前既言之姓既少則爲極廣泛之稱不能爲個人之標幟設有人於廣衆中問張先生何在其答辭必曰張先生有數人究何所指是可知中國之姓與歐人之姓不無少異歐人除一二特例外雖舉姓不舉名已足爲個人之標幟中國人非姓名並舉不能識別且漢文一字一音音多重複但呼一音聞者茫然故吾國人名譯成西文在漢文本爲三字者在西文當並爲一字若譯成三字則西人從其習慣將以末字爲姓既非所宜若效西人之法倒置名姓則與本國之習慣相反且熟知華俗者又將誤會今世習尚往往倒置其名姓而又縮寫其名僅列字母同時有數張姓外人讀之則曰甲乙張丙丁張甲丙張乙丁張同姓既多加以符號重疊顛倒不可究詰不特外人不能辨即本國人亦不能辨吾國留學歐美者其名冊皆如是此宜改良者一也

每人一名此一定之理歐人大率有三名而聯書之一曰初名二曰中名三曰末名末名即姓也中名實贅然歐人既聯書即無流弊中國舊說幼名冠字五十以伯仲死而謚則變化四次習俗喜用別號則同時多至數名既開詐欺之門用時尤多不便郵局索收據屢因名字齟齬而至紛爭此不便之顯著者吾謂每人一名當以法律限之多名者有禁出生時定名應即登記改者須經許可並登公報初生時所謂小名亦即此名不必別立阿狗阿貓諸名色朋友相呼亦即此名不必以名爲諱而以字爲尊漢文既一字一音命名當用二字以便相呼因三音則太長而一音又太短也要之吾國以稱名爲不尊實最無理而字號繁多紛亂殊甚此宜改良者又一也

名 名

安遙（安道；表作）
中山靖王子
五年三月癸酉侯劉恢元年
二六
四
五年侯恢坐酎金國除

夫夷
長沙定王子
五年三月癸酉敬侯劉義元年
二六
四
五年今侯禹元年
二六
四

箕愿 侯文（音願，又音原）
城陽荒王子
十一月壬申封
師古曰鄰音鄰
嗣侯衷 嗣免
瑯邪

高[illegible]
城[illegible]
十一[illegible]
侯[illegible]
侯[illegible]

洮陽（志屬零陵；洮音洮，又音道）
長沙定王子
五年六月壬子靖侯劉狗彘元年（表名[illegible]）
二五
六年侯狗彘無後國除

泉陵（志屬零陵）
長沙定王子
五年六月壬子節侯劉賢元年
二六
六
六
四

桃鄉 侯艮
廣川繆王子
三月封
共侯敞嗣
侯狗嗣免
鉅鹿

安平
長[illegible]

謚

布衣有謚

桐城耆舊傳方大理傳、方公諱大鎮、字君靜、號魯嶽、以隱居沙堤、號寓西先生、自萬曆時已祀孔子廟無謚、上疏略曰、祀與謚典禮均重者、我朝從祀孔廟、自薛瑄至守仁外、惟獻章、居仁、文武諸臣得謚者、僅百數、從祀於此四人、今二臣祀而不謚、於典爲闕、好事但大臣得謚、以僅謚文清、守

仁謙之文成、今謙之臣、似無倒植、然臣豈以爲謙者、正爲
明生諱也、二臣之謹案、濂陰與守仁、況同祀廡位、虚何
獨蘇楊易名之典、廬劃、原依郭園頡實録者、則謙者
先生、宋謙標種菁蒼先生、棟園和靖先生文、宋臣號
了翁任番再諱謹閒博頤曰文、程顥曰伏、程頤曰正楊棟
諱謹罰伋彦曰文度季、個曰文靖、惇傍爲不焉之賡部郎中、

影響之談，史家作，後彦不逮天籍，賢以前被萬物說其個別

證于所在，學相謂其爲諸讀，不論品信，奉卑，昆出所隨，

最以獻年代之所詮爲請，據上陳諸文參相證之

疑，時代所新，以證於此，

然秦方家辰時人

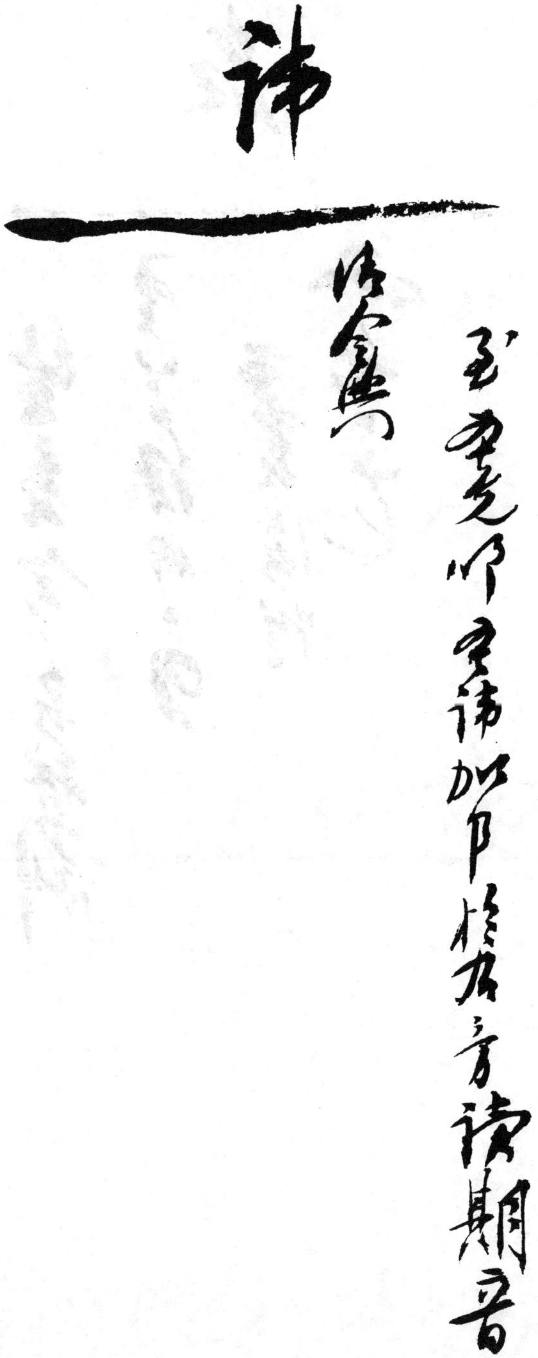
諱一
作無
到君先師字諱加卩於旁方讀期音

名

生女命名繁例
見學林四、五
要義後補
九卷、十七

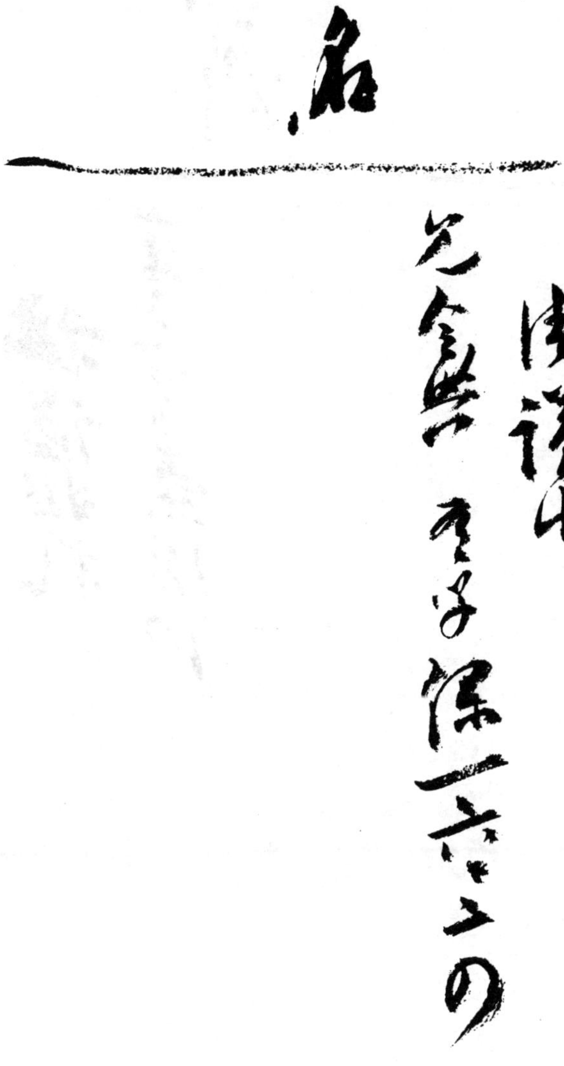

新

秘籍非札

宋元學案 18 10

謚號

成王為生號

經訓之說自孫之一異矣

及顧命中成王解

讀史

某甫女非議實事求是豈徑

義工以字爲議辭

諡法

謚与諡別

實事求是齋經義

名字為諡辨

讀書

一

須將字說之際

實事求是必須謹慎

二以一字為讀辭

謹

成王爲生謹者古殺八金恭臨贄教年未十

同謹分年集議一成王若曰

諦

帝 諦者王之名止於天下也 説文[illegible]詁段注

名氏

付字受德見名憤述周易十三經詁荅問一卷問主政条

姓[redacted][illegible]

古今同姓名與同事姓十三經注諸同一

卷十集

名正

盡施舍複氏盡施十三陳詰春問

名號

楚武王之武僭號曰劉炫云號諡之非諡也石經此二疏

一名即倚諱倚字不誤疑字車求是手[redacted]之杼說二倚倚輯

名號

中央決定採中山稱謂。卅年三月二十一日已言據重慶通訊。云中央決定之三項。一政府機關。民衆團體。一律改稱國父。二黨內稱總理或國父均可。三民間已印就之圖書文字。不必强令改易。

以字之用

◎重慶國府十七日令、茲制定姓名使用限制條例公布之、此令、姓名使用限制條例、三十年七月十七日公布、第一條、凡中華民國人民之本名、以一個爲限制、限於戶籍上之姓名爲本名、使用姓字或別號者、應行表明其本名、第二條、財產權之受得移轉或變更、應使用本名或表明其本名、第三條、共有財產使用姓名、或其他名義者、應表明共有人之本名、共有人總數超過二十人者、得僅表明代表人之本名、第四條、意圖避免納稅義務、而不使用本名、又不表明本名者、處以漏納稅額一倍至十倍之罰金、第五條、意圖避免統制法令之限制、取得不法利益、而不使用本名、又不表明本名者、處一年以下有期徒刑拘役、或五百元以下罰金、第六條、對於公務員合法之調查、應用本名報告、其不使用本名、又不表明本名者、處拘役、或一百元以下罰金、第七條、本條例自公布日施行(十七日電)

名號

自周以前朕爲通言如屈原曰朕言[illegible]長[illegible]之
朕皇考是也秦始皇既平六國制天子之[illegible]
爲皇帝一曰稱曰朕後代遂尊用之[illegible]二千十二
年不[illegible][illegible]曰[illegible]任[illegible]天子自稱曰朕以[illegible][illegible]言

[illegible] 柳棄疾啟
[illegible]

名諱

經禮

以字為名之人君

後漢、補注王郎傳王郎稱記

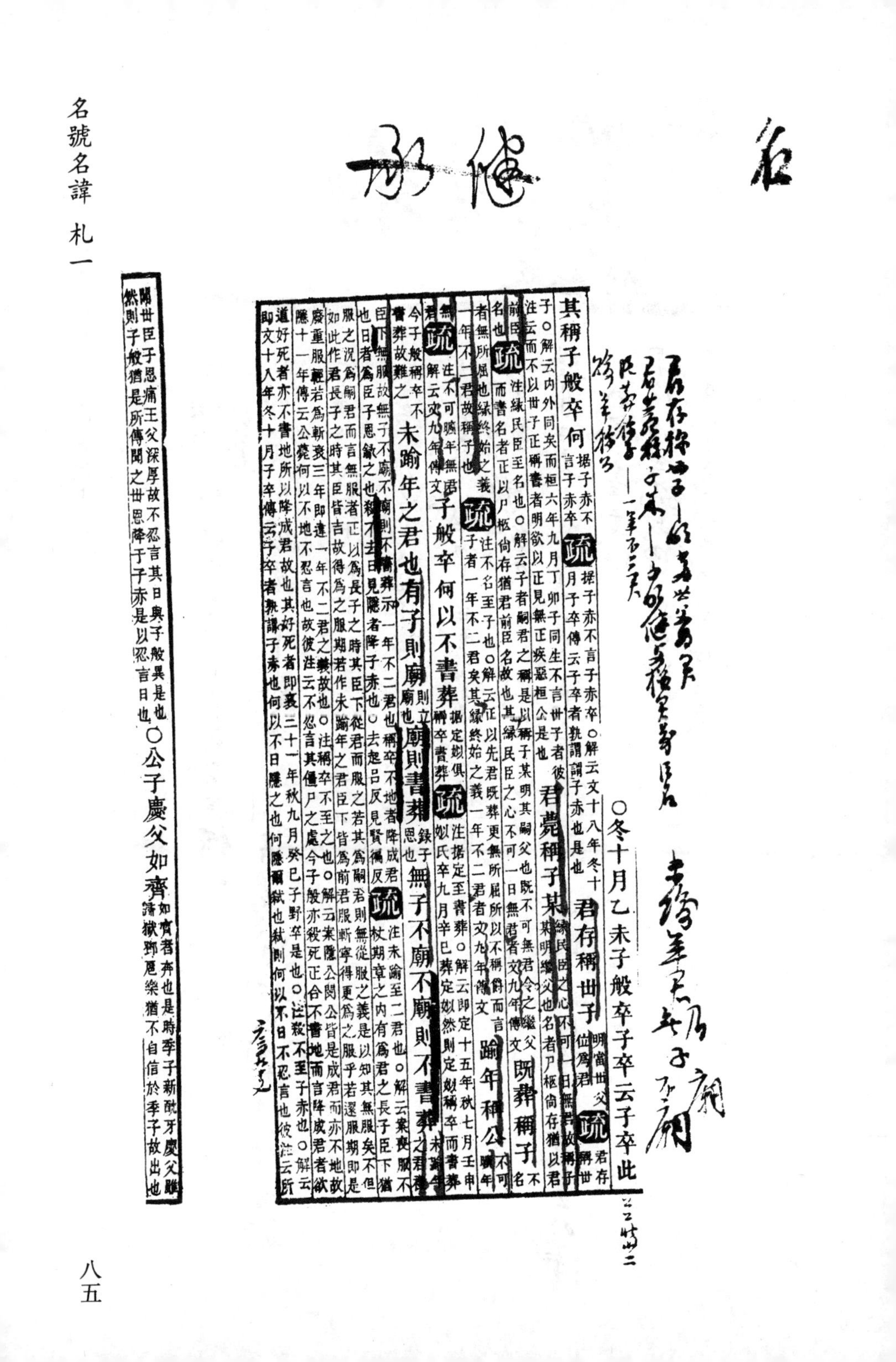

○冬十月乙未子般卒子卒云子卒此

其稱子般卒何據子赤不言子赤卒疏據子赤不言子赤卒○解云文十八年冬十月子卒傳云子卒者孰謂謂子赤也是也君存稱世子明當世父位爲君疏君存稱世子○解云內外同矣而桓六年九月丁卯子同生不言世子者彼注云而不以世子正稱書者明欲以正見無正疾惡桓公是也君薨稱子某緣民臣之心不可一日無君故稱子某明繼父也名者尸柩尚存猶以君前臣名也疏注緣民臣至名也○解云子者嗣君之稱是以稱子某明其嗣父也既不可無君令之繼父而書名者正以尸柩尚存猶君前臣名故也其緣民臣之心不可一日無君者文九年傳文既葬稱子不名者無所屈也緣終始之義一年不二君故稱子也疏注不名至子也○解云正以先君既葬更無所屈所以不稱爵而言子者一年不二君矣其緣終始之義一年不二君者文九年傳文踰年稱公不可曠年無君疏注不可曠年無君解云文九年傳文子般卒何以不書葬據定姒俱稱卒書葬疏注據定至書葬○解云即定十五年秋七月壬申姒氏卒九月辛巳葬定姒然則定姒稱卒而書葬今子般稱卒不書葬故難之未踰年之君也有子則廟則立廟也廟則書葬録子恩也無子不廟不廟則不書葬未踰年之君臣下無服故無子不廟不廟則不書葬示一年不二君也稱卒不地者降成君也日者爲臣子恩録之也弒不去日見隱者降子赤也○去起呂反見賢徧反疏注未踰至二君也○解云案喪服不杖期章之內有爲君之長子臣下猶服之況爲嗣君而言無服者正以爲長子之時其臣下從君而服之若其爲嗣君則無從服之義是以知其無服矣不但如此作君長子之時其臣皆吉故得爲之服期若作未踰年之君臣下皆爲前君服斬寧得更爲之服乎若還服期即是廢重服輕若爲斬衰三年即違一年不二君之義故也○注稱卒不至之也○解云案隱公閔公皆是成君而亦不地故隱十一年傳云公薨何以不地不忍言也故彼注云不忍言其僵尸之處今子般亦弒死正合不書地而言降成君者欲道好死者亦不書地所以降成君故也其好死者即襄三十一年秋九月癸巳子野卒是也○注弒不至子赤也○解云即文十八年冬十月子卒傳云子卒者孰謂謂子赤也何以不日隱之也何隱爾弒也弒則何以不日不忍言也彼注云所

聞世臣子恩痛王父深厚故不忍言其日與子般異是也然則子般猶是所傳聞之世恩降于子赤是以忍言日也○公子慶父如齊如齊者奔也是時季子新酖牙慶父雖諱獄鄧扈樂猶不自信於季子故出也

名

[illegible]

器 蒉 既葬而学生——若君王何时
上卿代君读圜段——勉兼别君义时皆未操以谐 世子卿、
大祝 太宰 大宗 女卿 神史
如「噫」之韶可以愁辞——
太子 世子——左右神女学上称适子
天子诸侯 卿大夫以下 称适子
上下通 称嫡子
端‖二丈——鬼神以丈八尺为端——一丈当以八尺谓陰十端六丈の缠
四两五丈二缠
周礼注王孤与卿为卿——
凡长以五尺为尺二寸广二尺

曾子問曰君薨而世子生如之何孔子曰卿大夫士從攝主北面於西階南變於朝夕哭位也攝主上卿代君聽國政大祝裨冕執束帛升自西階盡等不升堂命毋哭將有事宜清靜也裨冕者接神則祭服也諸侯之卿大夫所服裨冕絺冕也玄冕也士服爵弁服大祝裨冕則大夫。大祝音泰下文注大祝大宰大宗大廟大史皆同此音祝之六反說文云祝祭主贊詞者裨婢支反毋音無本亦作無絺知里反本又作希徐張履反祝聲三告曰某之子生敢告聲噫歆警神也某夫人之氏也。祝之六反下同徐之又反三息暫反又如字下聲三及三者三皆放此噫於其反歆許金反警居領反升奠幣于殯東几上哭降几筵於殯東明繼體也衆主人卿大夫士房中皆哭不踊衆主人君之親也房中婦人。盡一哀反位遂朝奠反朝夕哭位。小宰升舉幣所主也舉而下埋之階間

疏曾子至舉幣。正義曰此一節論君薨而世子生告殯之事各隨文解之。君薨而世子生者按聘禮云子即位不哭公羊云君存稱世子君薨稱子某此既君薨仍稱世子者以其別於庶子又用世子之禮告殯故雖君薨猶稱世子異於春秋之例按左傳桓六年子同生賈杜注云不稱大子者書始生此亦始生而稱世子者彼爲父在始生未命故直云子此是君薨初生則舉以世子之禮故云世子也熊氏云下稱奠幣于殯東則此告世子生謂既殯以後若未殯之前則世子生亦不告凡天子諸侯稱世子春秋經稱王世子曹世子是也卿大夫以下謂之適子喪服云大夫之適子是也若在喪諸侯之子亦稱適子檀弓云君之適長殤是也天子諸侯亦謂之大子則王制云王大子及檀弓云大子申生是也冢子則上下通名故內則云其非冢子則皆降一等注則言天子以下至庶人是其通名也其春秋三傳世子之例煩而不要今所不用也。孔子至北面。此論卿大夫士等皆衣衰服也攝主上卿代國政者卿大夫士等皆衣衰服北面文不言者以下文云大祝裨冕明卿大夫等不裨冕也。於西階南注變於朝夕哭位也。正義曰按喪大記云君之喪既正尸卿大夫父兄子姓立于東方又士喪禮朝夕哭丈夫即位于門外西面北上外兄弟在其南南上賓繼之北上若其門內位主人堂下直東序西面兄弟皆即位如外位卿大夫在主人之南是朝夕內外哭位皆在東方也今乃從攝主北面於西階南故云變於朝夕哭位也必於西階南者以將告殯近殯位故也若君喪大斂喪大記云卿大夫即位于堂廉楹西北面者彼斂故升堂非朝夕哭位此爲告世子生故在堂下。大祝至毋哭。大祝以大夫爲之祝主接神故服裨冕裨冕祭服也以其將告神故執束帛執持也束帛十端也端則二丈鬼神質故用偶數也鬼神以丈八尺爲端鬼神之道陰陽不測故用陰陽之數求之一丈象陽八尺法陰十端六玄四纁五兩三玄二纁是地色玄是天色也欲往告殯故升自西階若於堂下告則大遠堂上告則大近殯故升階盡等級即不升堂將有告事宜靜故命毋哭。注裨冕至大夫。正義曰卿大夫所服裨冕絺冕也按覲禮侯氏裨冕鄭注云裨冕者衣裨衣而冠冕也裨之爲言埤也天子六服大裘爲上其餘爲裨以事尊卑服之而諸侯亦服焉又注云衮衣者裨之上也則裨唯據衣也言服裨衣而著冕故云裨冕言裨者取其績繡云諸侯之卿大夫所服裨冕絺冕也玄冕也者此言五等諸侯孤卿大夫唯絺冕而下以上諸侯薨兼五等故摠解其臣服此卿兼公孤卿也若孤卿則絺冕若三命再命卿大夫服玄冕故周

禮司服云孤自絺冕而下卿大夫自玄冕而下又大宗伯云再命受服鄭注云受玄冕之服列國之大夫於子男爲卿卿
大夫自玄冕而下如孤之服也是孤則絺冕卿與大夫皆玄冕周禮謂三孤六卿爲九卿摠云謂卿四命是卿名通於孤
也云士服爵弁服者以天子大祝是大夫諸侯則無文若是士則爵弁今經云大祝裨冕故云則大夫○祝聲至敢告○
聲謂噫歆之聲三所出警神也言若夫人某氏之子生以告殯之辭也○注聲噫歆警神也○正義曰直云祝聲不知作

何聲按論語云顏淵死子曰噫天喪予檀弓云公肩假曰噫是古人發聲多云噫故知此聲亦謂噫也凡祭祀神之所享
謂之歆今作聲欲令神歆享故云歆警神也○升奠幣于殯東几上哭降者謂告殯竟執束帛者升堂奠置所執之幣于
殯東几筵上畢遂哭哭竟而降階也○注几筵至體也○正義曰按阮諶禮圖云几長五尺高尺二寸廣二尺皇氏云周
禮天子下室喪奠有素几不云殯宮有几而諸侯雖無文當與天子同而大夫士葬前下室並無几降於人君也並葬後
殯宮皆有几人君未葬前而於下室有素几其殯宮無几今世子生既告權殯下室之几於殯東告於繼體異常日庾氏
云未虞施几筵常於下室然殯宮几筵爲朝夕之奠常在不去今更特設几筵於殯宮東者特異其事以爲世子之生故
鄭云几筵於殯東明繼體也今按既夕禮燕養饋羞如他日則下室所供之物如平常皆用吉物即今之告盡不得有素
几又司几筵云凡喪事右素几注云喪事謂凡奠也又云凶事仍几注云凶事謂凡奠凡朝夕相因喪禮畧以此推之即
素几是殯宮朝夕設奠之几不在下室而庾皇等以爲素几設於下室未審何以知之其義非也熊氏以爲天子諸侯在
殯宮則有几筵大夫士大斂有席虞始有几然殯宮几筵爲朝夕之奠常在不去今更特設几於殯東當明世子是繼體
之貴故於常几筵之外別特設之考三家之說熊以爲是皇庾以爲非○注衆主至婦人○正義曰知者按喪大記云君
將大斂父兄堂下北面父兄即君之親又云外宗房中南面故云房中婦人○注反朝夕哭位○正義曰按士喪禮每日
之旦於朝夕哭位先哭而後行朝奠朝奠了又哭今因西階前哭畢反此朝夕哭位於位不更哭即行朝奠禮謂一時兼
哭兩事故云遂朝奠按士喪禮尋常朝奠皆先哭後奠皇氏云尋常先奠後哭此謂告世子生故先哭後奠其義非也○
注所主至階間○正義曰所以小宰舉幣是小宰所主故云所主也故周禮小宰職云凡祭祀贊玉幣爵之事喪竟受
其含襚幣玉之事是也必知埋之階間者下文云師行主命反必告設奠卒斂幣玉藏諸兩階之間故知此幣亦埋之階
間也

三日衆主人卿大夫士如初位北面三日負子日也初告生時大宰大宗大祝皆裨冕少師奉子以衰

祝先子從宰宗人從入門哭者止宰宗人詔贊君事者○少升召反下少喪并注同奉方勇反下注奉者同衰七雷反下同從才用反下同子升自西階殯前北面祝立于殯東南隅祝聲三曰某之子某從執事敢見子拜稽顙哭奉子者拜哭○見賢遍反下而見伯父廟見旅見同祝宰宗人衆主人卿大夫士哭踊三者三降東反位皆袒子踊房中亦踊三者三襲衰杖踊襲衰杖成子禮也奠出亦謂朝奠大宰命祝史以名徧告于五祀山川因負子名之喪於禮畧也○徧音遍下同

疏三日至山川○正義曰云此一節論世子生已三日名之以名見於殯之禮各依文解之○三日之朝自衆主人以下悉列西階下列位如初日子生之義也以子自爲主故不云從攝主也○注三日至生時○正義曰按內則云國君世子生告于君三日卜士負之此亦生

則告君三日負之但告時直負之而已子未見君至三月爲名之時則始見之也今既在喪禮畧於負子之時則見也此不用束帛者初告生已用今既禮殺故不用也云初告生時者以經云如初恐初是朝夕哭位故以初爲告生時也必知告生時者以告生時北面於西階南此亦云北面故知是告生時也○大宰大宗大祝皆裨冕○大宰是教令之官大宗是主宗廟之官初不裨冕今得裨冕者以爲奉子接神故服祭服此大宰大宗等亦從子升堂故下文云祝宰宗人降東反位既言降明其時當在堂此經不云升堂者文不具耳○少師奉子以衰者少師主養子之官又奉子故與子皆著衰也皇氏及王肅云謂以衰衣而奉之崔氏云諸侯五日而殯殯而成服此三日而衰者喪已在殯異於未殯也○祝先子從者祝主接神故先進也少師奉子次從祝也○宰宗人從者大宰大宗爲詔告贊君事故次從在後也○入門哭者止者入門是入殯宮門也衆主人及諸臣並已先列位而哭今祝宰宗三人將子入門見故命門內在位者止哭也前告是初生日哀甚故祝升階乃命止哭今三日哀已微殺故子入門而哭則止也○注宰宗至事者○正義曰上云大宰大宗此直云宰宗人者皇氏云宰則大宰宗人則大宗也此祝先子從者同吉祭之禮故特牲少牢皆祝前主人後若凶祭則主人前祝在主人後士虞禮是也今此亦凶祭而祝在先者以其告神故也○子升至額哭○子升自西階者謂世子不忍從先君之階升故由西階升於昨太宰大宗及祝亦升不言從者以子爲主故畧而不言也殯前北面者殯以東爲前

注因名教晦也○正義曰按此則乃不待禮之畢始三月乃名之今此周人子三月而名之以表年從

遂於禮簡略不服於三月而上見禮之時以名告于冢之子某郊於此乃名父母以從有名之文

如遂殯之非禮當有三月於作名如若衞皇氏以見禮畢乃作名始郊于此殯之

曾子問曰已葬而世子生則如之何孔子曰太宰大宗從大祝而告于禰

告生　三月乃名于禰以名徧告及社稷宗廟山川

也

疏……三月乃名于禰者葬後神事之始依平常之禮三月而見如三月

乃見同見人乃名始云乃名于禰也……

以名徧告及社稷宗廟山川 此名於禰殯畢宰亦命祝史徧告也 不言宰命祝史從可知也又鄭不云社稷宗廟此不云五祀相互明也 王肅云鄭二日名之君未葬皆稱子某以二日內名之。此經以葬稱子不稱名故三月乃名也鄭云稱子生未葬者左殯告五祀山川再五祀殯宮之五祀山川國鎮之重不可不告故越社稷告之以葬而世子生三月而名葬後三月於禰已祔廟故告亦及廟廟與社稷相違遠為不告社稷

勇健

嫡子生以名令于四竟

公昭五

○秦伯卒何以不名据諸侯名秦者夷也匿嫡之名也嫡子生不以名令于四竟擇勇猛者而立之○嫡之丁歷反注及下同疏注嫡子至立之○解云即內則云夫告宰名宰辯告諸男名書曰某年某月某日某生而藏之宰告閭史書爲二其一藏諸閭府其一獻諸州史州史獻諸州伯州伯命藏諸州府是其以名令於四竟之義也其擇勇猛者而立之者正以夷狄之人不倘文德故也其名何据秦伯嬰稲名疏注据秦伯嬰稲名○解云文十八年春秦伯罃卒宣四年春秦伯稲卒是也然則文十八年經作罃字今此嬰字者誤也寧知非彼誤者正以文十八年秦伯罃卒之下賈氏云穀梁傳云秦伯偃不道公羊曰嬰知公羊與左氏同皆作罃字矣注獨嬰稲以嫡得立之者嬰字亦誤宜爲罃字矣嫡得之也獨嬰稲以嫡得立之○冬楚子蔡侯陳侯許男頓子沈子徐人越人伐吳吳未服慶封之罪故也越稱人者俱助義兵意進于淮夷故加人以進之義兵

名字

凡後男子稱名婦人稱字

書大記注婦人不稱名行

名字

人既以之字爲稱呼
古傳手寄台之稱於信函之稱呼凡寫於人
名卜君之字其諸於信待釋詞
以處九之

姓氏（名字）

敢請女爲誰氏｜不必其主人之女

問名｜乃姓號之名　氏姓亦得爲名

備數

致命曰敢納采問名曰某既受命將加諸卜敢請女爲誰氏某使者名也誰氏者謙也不必其主人之女疏致命曰敢納采○釋曰此使者升堂致命於主人辭若然亦當有主人對辭如納徵致命主人對辭不言之者文不具也問名賓在門外請問名主人許無辭者納采問名同使前已相親於納采許昏訖故於問名畧不言主人所傳辭也是以於此直見賓升堂致命主人之辭也自此已下有納吉納徵請期之等皆有門外賓與擯者傳辭及升堂致命主人對或理有不須而言或理須辭而文不具以情商度義可皆知也○注某使至之女○釋曰知某使者名也者以使者對主人稱某既受命明是使者之名也云誰氏者謙也者以其下達乃納采則知女之姓矣今乃更問主人女爲誰氏者恐非主人之女假外人之女收養之是謙不敢必其主人之女也其本云問名而云誰氏者婦人不以名行明本不問女之三月名此名即姓號之名若尚書孔注云虞氏舜名舜爲謚號猶爲名解之明氏姓亦得爲名若然本問名上氏姓故云誰氏也

對曰吾子有命且以備數而擇之某不敢辭卒曰某氏不記之者明爲主人之女疏對曰至敢辭○釋曰云吾子有命者正謂行納采問名使者將命來是已有命來擇即是且以備數而擇之也○注卒曰至之女○釋曰云卒曰某氏者主人終卒對客之辭當云某氏對使也云不記之者明爲主人之女者若是他女當稱女氏以答今不言之者明是主人之女容舊知之故不對是以云明爲主人之女也

士昏禮｜似禮也

名札（儀禮）

問名—問名与納采共行
名之名字之名
名號之名—（舜、曾子）

賓執鴈請問名主人許賓入授如初禮（問名者將歸卜其吉凶古文禮爲醴）疏賓執至初禮○釋曰此之一使兼行納采問名二事相因又使還須卜故因即問名乃還卜之故共一使也云主人許者擯請入告乃報賓賓得主人許乃入門升堂授鴈與納采禮同故云如初禮也○注問名至爲醴○釋曰言問名者問女之姓氏不問三月之名故下記問名辭云某既受命將加諸卜敢請女爲誰氏鄭云誰氏者謙也不必其主人之女是問姓氏也然以姓氏爲名者名有二種一者是名字之名三月之名是也一者是名號之名故孔安國注尚書以舜爲名鄭君目録以曾子爲姓名亦據子爲名皆是名號爲名者也今以姓氏爲名亦名號之類也鄭云將歸卜其吉凶者亦據下記文也

士昏禮（儀禮）

避（字說）

君大夫之子不敢自稱曰余小子。辟天子之子未除喪之名。君大夫天子大夫有土地者。○辟音避，本又作避，下同。大夫士之子不敢自稱曰嗣子某。亦辟其君之子未除喪之名。不敢與世子同名。辟僭傚也。其先之生則亦不改。世或爲大。○僭作念反，傚胡孝反。

疏 君大至同名。○此以下明孝子在喪接賓客之辭也。君大夫謂天子大夫有地者，大夫有地者則亦稱曰君，故云君大夫也。天子未除喪自稱曰余小子，今大夫有地雖同曰君，而其子在喪不敢同天子稱余小子也。大夫士之子不敢自稱曰嗣子某者，此諸侯稱大夫士之子也。諸侯在喪之嗣子某，臣之子避之也。不敢與世子同名者，世子謂諸侯之適子也。諸侯之臣爲其子作名，不得與君適子名同也。白虎通云：生在稱世子何？繫於君也。○注辟僭至爲大。○正義曰：若名子與君世子同，則嫌其名自比擬於君，故云避僭傚也。世子貴，不得同，則與庶子同不嫌。又若其子生在君之世子前，已爲名，而君來同之，此是君來同己，不須易也。故穀梁昭七年傳云：何爲君臣同名？君子不奪人親之所名，重其所由來也。是臣先名，君後名同之，臣不改也。又案雜記云：與君之諱同，則稱字。若先生與世子同名，亦當然也。諸侯之子不可同天子之子，故宜不也。異義：公羊說臣子先死，君父猶名之，孔子云鯉也死，是已死而稱名。左氏說既沒稱字而不名，桓二年宋督弑其君與夷及其大夫孔父，先君死，故稱其字。穀梁同左氏說。許慎謹案：同左氏、穀梁說，以爲論語稱鯉也。

大夫士之子不與世子同名，庶子無嫌。

臣之名，君後名同之，不改。

與君之諱同則稱字。

臣子死，君父名之歟？

何無年？

還

名字之更易

古代社會 132

死時實未死假言死耳鄭康成亦同左氏穀梁之義以論語云鯉也死有棺而無椁是實死未葬已前也故鄭駁許愼云設言死凡人於恩猶不然況賢聖乎然鯉也死未滿五十鯉死稱伯魚者案冠禮二十已稱伯某甫未必要五十也但五十直稱伯耳焦氏問案春秋君在稱世子君薨稱子某既葬稱子無言嗣子某者也又大夫之子當何稱張逸荅曰此避子某耳大夫之子稱未聞案稱嗣子某或殷禮也

名

諱生將及宋之揚造

周易謙卦「維」三月二十二日名生于人以華[illegible]

名

魏晉訓詁釋皆淺名

物各標識言有訓至人以稱

諡

迫近不敢稱諡

月公至自伐鄭○甲子新宮災三日哭新宮者禰宮也謂宣公廟也三年喪畢宣公神主新入廟故謂之新宮○禰乃禮反疏甲子新宮災○釋曰何休云此象宣公篡位當誅絶不宜列之昭穆成公結怨強齊不得久承宗廟之象也范以天災難知非人所及故不言之三日哭哀也其哀禮也宮廟親之神靈所憑居而遇災故以哀哭爲禮○馮皮冰反迫近不敢稱諡恭也迫近言親禰也桓僖遠祖則稱諡疏注迫近至稱諡○釋曰范不據丹桓宮者傳云迫近不敢稱諡言近則宜對遠故據桓僖言之其丹桓宮以莊公娶父之讎女故特言桓宮以譏莊之不子也其辭恭且哀以成公爲無譏矣○乙亥葬宋文公○夏公如晉○鄭公子去疾帥師伐許去起呂反疏其辭至譏矣○釋曰不稱諡明其恭三日哭著其哀是成公爲無譏矣○公至自晉○秋叔孫僑如帥師圍棘○

箴三

諱名

○秋八月戊辰衛侯惡卒。鄉。曰。衛齊侯在元年。○鄉香亮反本亦作嚮八年同今曰衛侯惡此何爲君臣同名也君子不奪人名不奪人親之所名重其所以來也王父名子也不奪人名謂親之所名明臣雖欲改君不當聽也。君不聽豈易名者欲使重父命也。父受命名于王父王父卒則聽王父之命名之疏王父名子也○釋曰傳言王父則祖也范云欲使人重父命也者父受名於王父王父卒則已命子故傳注兩言之其進存諸則不諱若卒哭而後無容得斥君名蓋捨名而稱字耳○九月公至自楚○冬十有一月癸未季孫宿卒○十有二月癸亥葬衛襄公

昭七

華卒○晉荀吳帥師敗狄于太原大原地○大音泰傳曰中國曰大原夷狄曰大鹵號從中國名從主人襄五年注詳矣○鹵力古反疏注襄五至詳矣○釋曰桓二年亦有文而註言襄五年者桓二年論郜鼎之事襄五年則同論地事故注指之○秋莒去疾自齊入于莒

莒展出奔吳疏莒展出奔吳○釋曰展雖踰年不稱爵者徐邈云不爲內外所與也不成君故但書名理或然焉

名號從中國主人

如晉○夏莒牟夷以牟婁及防茲來奔以者不以者也來奔者不言出以其方向內也及防茲以

十三經注疏　穀梁十七　昭公二年至五年　九

大及小也莒無大夫其曰牟夷何也以其地來也以地來則何以書也重地也竊地之罪重故不得不録

其八疏以者至地也○釋曰重發傳者庶其以邑來而不言及此以邑來言及黑肱則不繫濫故各發傳也此傳獨言重地者擧其中以包上下也○秋七月公至自晉○戊辰叔

弓帥師敗莒師于蕡泉蕡泉魯地○蕡泉扶粉反左氏作蚡泉狄人謂蕡泉失台號從中國名從主人○台湯來反

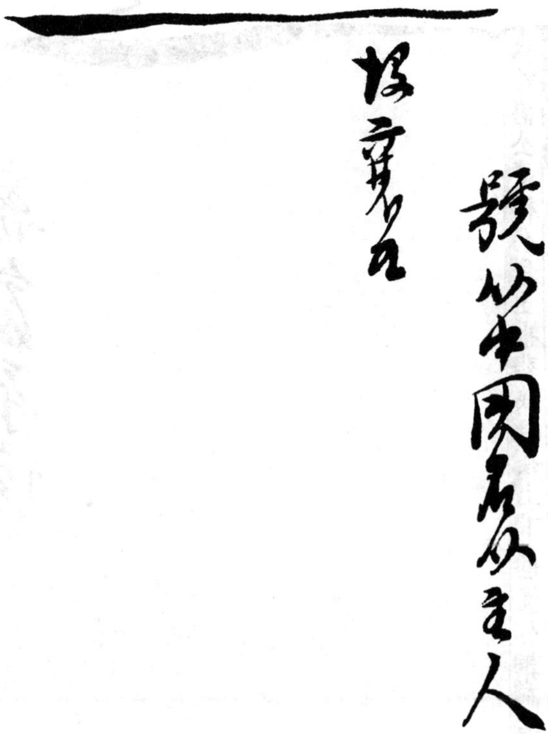
號竹中閑居主人

謚

葬而後舉謚

我君僖公薨稱公舉上也葬我君接上下也僖公葬而後舉謚謚所以成德也於卒事乎加之矣【疏】薨稱至加之矣○釋曰重發傳者桓不以禮終僖則好卒二者既異故傳詳之

○夏四月丁巳葬

文元

謚

謚所以成德也

○夏六月辛酉葬我君莊公莊公葬而後舉謚謚所以成德也

穀閔元

疏 傳謚所以成德○釋曰復發傳者桓公被殺莊公好終僖公葬緩嫌異禮故各發傳以明之○於卒事乎加之矣

謚

葬而後舉謚，謚所以成德，於卒事乎加

天子稱天以謚，諸侯 天子謚之

大夫 君

桓公葬而後舉謚謚所以成德也於卒事乎加之矣謚者行之迹所以表德人之終卒事畢於葬故於葬定稱號也昔武王崩周公制謚法大行受大名小行受小名所以勸善而懲惡禮天子崩稱天命以謚之諸侯薨天子謚之卿大夫卒受謚於其君○行之下孟反下同稱尺證反

疏注卿大至其君○釋曰以左傳無駭卒羽父請謚於隱公是大夫謚諸侯賜之諸侯既上有王者故知天子賜之禮記云天子稱天以誄之又公羊說天子謚於南郊在天子上者唯天耳故知稱天命以謚

穀桓 十八

名諱

狄道非正長嫡然後有名

滕侯卒滕侯無名（自稱名非賤之 ○滕徒登反）疏 滕侯無名○釋曰左氏以滕侯無名爲未同盟故薨不得以名赴公羊傳云滕侯何以不名微國也微國則其稱侯何春秋貴賤不嫌同號美惡不嫌同辭今穀梁以爲用狄道也故無名者若左氏以爲未同盟故不名何爲春秋之内亦有不盟而書名者若公羊以爲微國不名則邾子克許男新臣何以名故穀梁子以爲用狄道也（本來無名字）少曰世子長曰君狄道也其不正者名也（戎狄之道年少之時稱曰世子長立之號曰君其非正長嫡然後有名爾責滕侯用狄道也○長曰丁丈反注同嫡本又作適丁歷反）

穀隱七

名諱

二年春王正月戊申宋督弑其君與夷○宋督宋之卑者卑者以國氏○督丁毒反與如字又音餘 疏 注宋督至國氏○釋曰知是卑者祝吁弑其君取國傳以失如言之

屬繪來逆傳稱進之也此督與宋萬既不取國又無可進明卑者可知也 桓無王其曰王何也正與夷之卒也 諸侯之卒天子所隱痛姦逆之人王法所宜誅故書王以正之

及其大夫孔父孔父先死其曰及何也書尊及卑春秋之義也 邵曰會盟言及別內外也尊卑言及上下序也○別彼列反 疏

注邵曰至序也○釋曰及有二義故范引邵云會盟言及別內外也尊卑言及上下序也別內外者謂魯與他人會盟皆先魯以及他若隱元年公及邾儀父盟于眛及宋人盟于宿是也上下序者此孔父荀息仇牧皆先言君後言臣是也

孔父之先死何也督欲弑君而恐不立於是乎先殺孔父孔父閑也 閑謂扞禦○殺並如字扞下旦反 何以知

其先殺孔父也曰子既死父不忍稱其名臣既死君不忍稱其名以是知君之累之也 累謂

從也 疏 知君之累之也○釋曰糜信云累者從也謂孔父先死殤公從後被弑范注雖不明理亦當然也 孔氏○父字謚也 孔父有死難之勳故其君以字爲謚○難乃旦反 疏 孔氏父字謚也○釋

曰孔父新死未葬而得有謚者舊解謂三月既葬之後嗣君謚之但赴者以正月者亂故書弑在前使者以葬後始來故得稱謚或當孔父以字爲謚得據後言之故云字謚也○注孔父至爲謚○釋曰謚者大夫之常事而云死難之勳者字

者褒德非可虛加若使孔父無死難之勳唯有凡平之謚焉得以字爲之文傳特言字謚也明知有義故注者原之 或曰其不稱名蓋爲祖諱也孔子故宋也 孔子舊是宋人

孔父之玄孫○爲于僞反 疏 注孔子至玄孫○釋曰案世本孔父嘉生木金父木金父生祁父其子奔魯爲防叔生伯夏伯夏生叔梁紇叔梁紇生仲尼是孔父嘉爲孔子六世祖范云玄孫者以玄者親之極至來孫昆孫之等亦得通

稱之亦如左傳蒯聵禱文王稱曾孫之類是也○滕子來朝 隱十一年稱侯今稱子蓋時王所黜 疏 注隱十至所黜○釋曰周公之制爵有五等所以擬其黜陟今傳無貶爵之文明降爵非春秋之義又且此時

周德雖衰尚爲天下宗主滕今降爵明是時王所黜也

數卷二

名從主人物從中國

○夏四月取郜大鼎于宋戊申納于太廟傳例曰納者內弗受也日之明惡甚也太廟周公廟○郜古報反疏注傳例至公廟○釋曰宣十一年傳文也然此傳亦有弗受之文而引傳例者凡傳言內弗受者損說諸侯相入之例今此言不受者謂周公也恐其不合故引例以明之桓內弒其君外成人之亂受賂而退以事其祖非禮也其道以周公爲弗受也郜鼎者郜之所爲也曰宋取之宋也此鼎本郜國所作宋後得之以是爲討之鼎也討宋亂而更受其賂鼎○爲討之鼎如字麋氏云討或作糾孔子曰名從主人物從中國故曰郜大鼎也主人謂作鼎之主人也故繫之郜物從中國謂是大鼎疏名從至大鼎也釋曰名從主人者謂本是郜作繫之於郜物從中國者謂鼎在宋從宋號也言物從中國者廣例耳遍夷狄亦然其意謂鼎名從作者之主人不問華戎皆得繫之若左傳稱甲父之鼎是也物從中國者謂中國號之大鼎從夷狄亦從中國之號不得改之若傳稱吳謂義稻爲伊緩夷狄謂大原爲大鹵以地形物類須從中國之號故不得謂之伊緩大鹵也何休云周家以世孝天瑞之鼎諸侯有世孝者天子亦作鼎以賜之禮祭天子九鼎諸侯七卿大夫五元士三也故郜國有之

穀桓二

名

大上不名

穀隱三「三月庚戌天王崩」、、、其不名何也大上故不名也

注：大夫名若名相别耳、、、也

名諱

元年春王正月公即位○叔孫豹會晉趙武楚公子圍齊國酌宋向戌衛石惡陳公子招蔡公孫歸生鄭軒虎許人曹人于漷戌惡皆與君同名不正之者正之當貶貶之嫌觸大惡方譏二名爲諱義當正亦可知。國酌二傳作國弱招上遙反軒虎軒依字許言反舊

公昭元

與君同名者不正

（宋戌與君同名，昭廿宋向戌卒）

音罕二傳作罕虎鄭音郭又音虢左氏作虢穀梁作郭 疏 齊國酌○解云亦有作國弱者○注戌惡至大惡○解云下七年秋衛侯惡卒十年冬宋公戌卒知向戌齊惡皆與君同名也然則君臣者父子之倫寧有同名之理今二子與君同名乃是不可之甚而春秋不正之者若正之當云其氏或貶稱人若其去氏嫌如宋督宋山齊無知之屬若其稱人嫌如襄三十年澶淵之大夫有作禍之大惡由茲進退不得正之然則君臣同名不執之甚得不爲大惡者正以名者父之所名已父未必爲今君之臣已或先世子而生君子既無禮有不更名之義是以春秋當之小惡曲禮下篇云不敢與世子同名鄭注云其先之生則亦不改義亦通於此以此言之則知無駭入極之屬自是大惡故去其氏俠卒翬溺會齊師之屬未命大夫正合無氏須辟嫌故○注方譏至可知解云定六年冬季孫斯仲孫忌帥師圍運傳云此仲孫何忌也曷爲謂之仲孫忌譏二名二名非禮也何氏云爲其難諱也一字爲名令難言而易諱所以長臣子之敬不逼下也春秋定哀之間文致太平故見王者治定無所復爲譏唯有二名故譏之此春秋之制也然則所見之世文致太平二名者小過猶尚譏之況名不辟君乃小惡之大者乎當須正之亦可知矣據三世言之昭爲大平之首所以不譏二名而定哀之間乃譏之者蓋欲析而言之未當孔子之身故也云云之說在定六年

此陳侯之弟招也何以不稱弟據八年稱弟 疏 注據八年稱弟○解云即八年經云春陳侯之弟招

諱名

至自侵鄭○夏季孫斯仲孫何忌如晉○秋晉人執宋行人樂祁犂○冬城中城○季孫
斯仲孫忌帥師圍運此仲孫何忌也曷爲謂之仲孫忌譏二名二名非禮也爲其難諱也一字爲名令難言而易
諱所以長臣子之敬不逼下也春秋定哀之間文致太平欲見王者治定無所復爲譏唯有二名故譏之疏冬季孫斯
此春秋之制也○爲其于僞反令力呈反易以豉反長丁丈反太音泰見賢徧反治直吏反復扶又反○仲孫忌○
解云古本無何字有者誤也穀梁及賈經皆無何字又哀十三年經云晉魏多帥師侵衞傳云此晉魏曼多也曷爲謂之
晉魏多譏二名二名非禮也以此言之則此經無可明矣而賈氏云公羊曰仲孫何忌者蓋誤○此仲孫至之仲孫忌○
解云正決上文夏仲孫何忌如晉之文也○注一字至逼下解云難言者謂言難者既不言其父之名即是臣子之敬故
曰長臣子之敬也動不違禮爲下之易故曰不逼下也云春秋定哀之間文致太平者實不太平但作太平文而已故曰
文致太平也案春秋說昭公亦爲所見之世而此注偏指定哀爲太平者正以昭公之時未譏二名故也云唯有二名故
譏之者文王之臣散宜生孔子門人宓不齊之屬皆親事聖人而以二字爲名者謂依古禮也似堯名放勳舜名重華禹
名文命宣王之輿名子爲宮皇之屬是也但孔子作春秋欲改古禮爲後王之法是以譏
其二名故注即言此春秋之制也然則傳云二名非禮者謂非新王禮不謂非古禮也○

定六

二名非礼好子劉歆古文

名字

盛德之士

天子上大夫

不名

公宣十七叔肸卒

名字

文字之積而成頁，頁之積而成件

蓋本而副作畫而傳

与夫別謚

○夏五月辛巳葬我小君哀姜哀姜者何莊公之夫人也誅當絕不當以夫人禮書葬書葬者正齊桓討賊辟責內讎齊

傳二

疏 哀姜者何○解云欲言其妾經書小君欲言適妻與夫別謚故執不知問○注誅當至讎齊○解云即元年夫人氏之喪不言姜者是其誅文也上既誅之即當合絕不以夫人之禮書葬而書葬者欲正齊桓討得其賊故也而言辟責內讎齊者公羊之例君弒賊不討不書其君葬責臣子不討賊令君喪無所繫矣今若不書葬即似責魯臣子不討齊桓故言正齊桓討賊辟責內讎齊耳

名字

七十庶人字

赤歸于曹

二十有五年春陳侯使女叔來聘稱字者敬老也禮七十雖庶人主字而禮之（字）孝經曰昔者明王之以孝治天下也不敢遺小國之臣是也○女音汝疏注稱字敬老也○解云正以稱字異於諸侯大夫之例故知其老也○注孝經至是也○解云注言此者欲道春秋假魯以為明王謂女叔為小國之臣矣

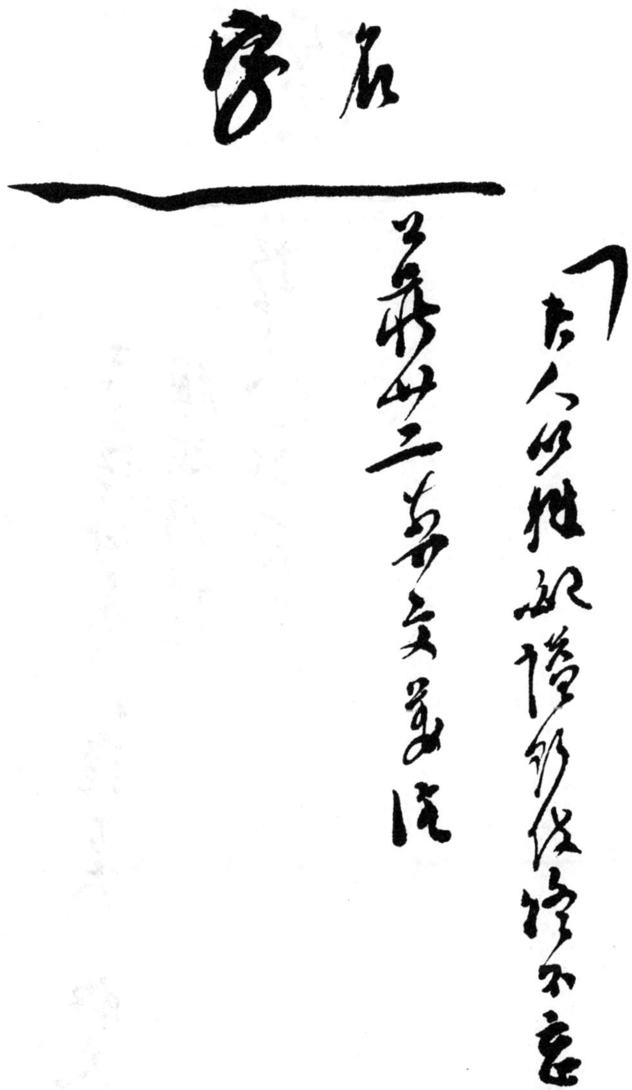

謚

天子諸侯卿〻〻諸大夫　將天命諸大子

祖孫乃謚

杞子八歲稱公

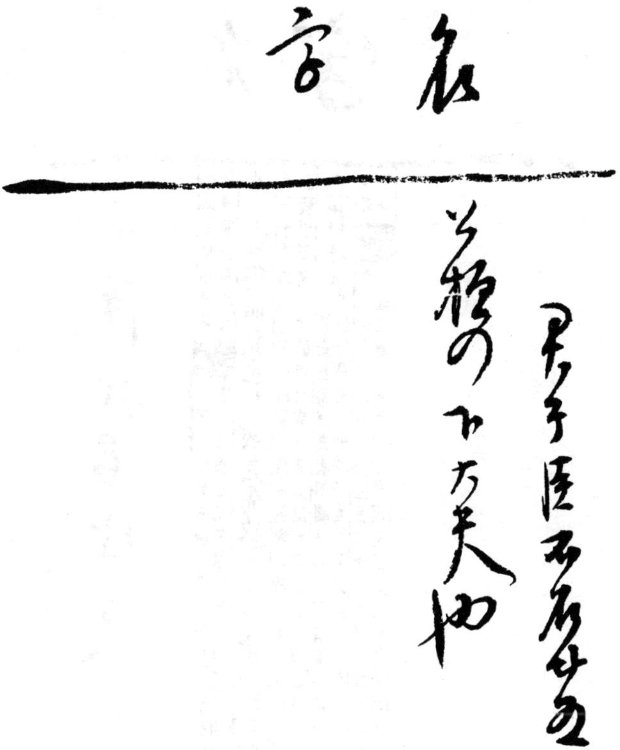

名字

臣死君字之

孔父可謂義形於色矣以稱字見先君死。見先賢遍反下

形見目見斥見見恩並同下悉薦反疏孔父至色矣。解云孔父事君之正義形見於顏色矣。其義形於色奈何督將弒殤公孔父生而存則殤公不可得而弒也故於是先攻孔父之家大夫稱家父者字也禮臣死君字之以君得字之知先攻孔父之家。殤式羊反。疏注大夫稱家。解云即定十二年孔子行乎季孫三月不違曰家不藏甲邑無百雉之城是也。注父者字也。解云穀梁傳文。注禮臣死君字之。解云臣死君不名之稱謚若字也者出玉藻文殤公知孔父死已必死趨而救之皆死焉趨走也傳道此者明殤公知孔父賢而不能用故致此禍設使殤公不知孔父賢焉知孔父死已必死趨使魯莊公不知季子賢焉知以病召之皆患安存之時則輕廢之急然後思之故常用不免。死焉於虔反注同。疏注設使至恩之。解云莊公三十二年傳云莊公病將死以病召季子季子至授之以國政曰寡人即不起此病吾將焉致乎魯國云云是也。注故常用不免。解云謂宋殤公不免死魯莊公不免亂。

以後

名謚　孔子

魯哀公誄孔子——作謚先列生時行狀曰誄

○魯哀公誄孔丘曰：天不遺耆老，莫相予位焉。嗚呼哀哉！尼父。誄其行以爲謚也。莫，無也。相，佐也。言孔子死，無佐助我處位者。尼父，因其字以爲之謚。○誄，力軌反。耆，巨支反。相，息亮反，注同。父音甫。行，下孟反。

疏　魯哀至尼父。○正義曰：此一節論哀公誄孔子之事。孔子以哀公十六年夏四月己丑日卒，哀公欲爲作謚，作謚宜先列其生時行狀，謂之爲誄。○曰天不遺耆老莫相予位焉者，作誄辭也。遺，置也。耆老，謂孔子也。莫，無也。相，佐也。言上天不置孔子，故無復佐助我處於位也。○嗚呼哀哉，傷痛之辭也。○尼父，尼則謚也，父且字甫，是丈夫之美稱，稱字而呼之尼父也。

檀弓上

名字避

隱疾

殷以前以日月——不以甲乙丙丁

命一坐再至○觔音斤○名子者不以國不以日月不以隱疾不以山川此在常語之中爲後難諱也春秋傳曰名終將諱之隱疾衣中之疾也謂若黑臀黑肱矣疾在外者雖不得言尚可指擿此則無時可辟俗語云隱疾難爲醫○臀徒孫反擿徐吐歷反或音的醫於其反疏名子至山川○正義曰此一節明與子造名字之法各依文解之○名子者不以國者不以本國爲名故杜氏注春秋桓六年傳云不以本國爲名如是他國即得爲名故桓十二年衛侯晉卒襄十五年晉侯周卒是也○不以日月者不以甲乙丙丁爲名殷家得以爲名者殷質不諱名故也然案春秋魯僖公名申蔡莊公名甲午者周末亂世不能如禮或以爲不以日月二字爲名也○不以隱疾者謂不以體上幽隱之處疾病爲名○注謂若黑臀黑肱矣○正義曰案宣二年晉使趙穿迎公子黑臀於周而立之周語單子云吾聞晉成公之生夢神規其臀以黑使有晉國此天所命也有由而得爲名昭元年楚公子黑肱昭三十一年邾黑肱得爲名或亦有由或亂世而不能如禮云名終將諱之者案桓六年九月丁卯子同生公問名於申繻申繻對曰名有五有信有義有象有假有類以名生爲信杜注云若唐叔虞魯公子友以德命爲義若文王名昌武王名發以類命爲象若仲尼首象尼丘取於物爲假若伯魚生人有饋之魚因名之曰鯉取於父爲類若魯莊公與桓公同日生名之曰同也按傳文云不以官不以畜牲不以器幣此記文畧耳傳云以官則廢職以山川則廢主以畜牲則廢祀以器幣則廢禮晉以僖侯廢司徒宋以武公廢司空先君獻武廢二山杜注云司徒改爲中軍司空改爲司城魯獻公名具武公名敖按國語范獻子聘魯問具敖之山魯人以鄉名對獻子云何不云具敖乎對曰先君獻武之所諱也此等所以皆爲名者以其不能如禮故申繻言之周人以諱事神者謂周人諱神之名而事神其名終没爲神之後將須諱之故不可以爲名也

曲禮上

名字

男女異長

男子冠而字

嫡長稱伯

庶孟

二十冠而字成人矣敬其名○冠古亂反父前子名君前臣名對至尊無大小皆相名女子許嫁笄而字以許嫁爲成人○笄古兮反○男女異長各自爲伯季也男子

疏 男女至而字○正義曰此一節明男女冠笄名字之法各依文解之○男女異長者按冠禮加字之時伯某甫仲叔季唯其所當又檀弓云幼名冠字五十以伯仲知女子亦各自爲叔季者春秋隱公二年伯姬歸于紀隱七年叔姬歸于紀是也禮緯含文嘉云文家稱叔質家稱仲以此言之則周有管叔蔡叔之屬是文家故稱叔也禮緯又云嫡長稱伯庶長稱孟○君前臣名者成十六年鄢陵之戰公陷于淖欒書欲載晉侯鍼曰書退鍼是書之子對晉侯而稱書是於君前臣名其父也

名字

叔氏別字

司士賁告於子游曰請襲於牀（時失之也禮唯始死廢牀○賁音奔人名）子游曰諾縣子聞之曰汰哉叔氏專以禮許人（當言禮然言諾非也叔氏子游字○汰本又作大音泰自矜大）疏司士至許人○正義曰此一節論不可以禮許人之事案喪大記始死廢牀至遷尸及襲皆在於牀當時失禮襲在於地故司士賁告子游子游曰諾者子游知襲在牀爲是故以許諾之縣子聞之曰汰哉叔氏專以禮許人汰自矜大也叔氏子游別字也言凡有來諮禮事當據禮以荅之今子游不據前禮以荅之專輒許諾如似禮出於己是自矜大故縣子聞而譏之曰汰哉當言禮也言諾非禮也○

檀弓上

名字表札

幼

名冠字五十以伯仲死謚周道也絰也者實也所以表哀戚○冠古亂反掘中霤而浴毀竈以綴足及葬毀宗躐行出于大門殷道也明不復有事於此周人浴不掘中霤葬不毀宗躐行毀宗毀廟門之西而出行神之位在廟門之外○掘求月反又求勿反霤力救反綴丁劣反又丁衛反躐良輒反復扶又反學者行之學於孔子者行之效殷禮疏幼名至行之○正義曰此一節論殷周禮異之事各依文解之○幼名冠字者名以名質生若無名不可分別故始生三月而加名故云幼名也○冠字者人年二十有爲人父之道朋友等類不可復呼其名故冠而加字年至五十耆艾轉尊又捨其二十之字直以伯仲別之至死而加謚凡此之事皆周道也然則自殷以前爲字不在冠時伯仲不當五十以殷尚質不諱名故也又殷以上有生號仍爲死後之稱更無別謚堯舜禹湯之例是也周則死後別立謚故總云周道也○士冠禮二十已有伯某甫仲叔季此云五十以伯仲者二十之時雖云伯仲皆配某甫而言五十之時直呼伯仲耳禮緯含文嘉云質家稱仲文家稱叔周代是文故有管叔蔡叔霍叔康叔聃季等末者稱季是也○掘中至道也○此以下三句明殷禮也每一條義兼二事也中霤室中也死而掘室中之地作坎所以然者一則言此室於死者無用二則以牀架坎上尸於牀上浴令浴汁入坎故云掘中霤而浴也○毀竈以綴足者亦義兼二事一則死而毀竈示死無復飲食之事故毀竈也二則恐死人冷強足辟戾不可著屨故用毀竈之甓連綴死人足令直可著屨也○及葬毀宗躐行出于大門者亦義兼三事也毀宗毀廟也殷人殯於廟至葬柩出毀廟門西邊牆而出于大門所以然者一則明此廟於死者無事故毀之也二則行神之位在廟門西邊當所毀宗之外若生時出行則爲壇幣告行神告竟車躐行壇上而出使道中安穩如在壇今將毀宗處出仍得躐此行壇如生時之出也故云毀宗躐行出于大門也○殷道也者道禮也上三句皆是殷禮也○注明不至之外○正義曰此謂中霤竈宗所以掘中霤毀竈及宗是明不復有事於此處也云周人浴不掘中霤者用盤承浴汁也是以喪大記浴水用盆沃水用枓沐用瓦盤鄭注云浴沃用枓沐於盤中文相變也案鄭旨則知浴用盤也云葬不毀宗躐行者周殯於正寢至葬而朝廟從正門出不毀宗也故士喪禮不云躐行也然周家亦不毀竈綴足而鄭注不云者以周綴足用燕几其文可見故此不言耳至於毀宗躐行掘中霤周雖不爲而經文無云不掘不毀故鄭注言之也但舉首末言之則中從可知也云毀宗毀廟門之西而出者廟門西邊牆也云行神之位在廟門之外者以其毀宗故云躐行故知行神在廟門之外當毀處之外也行神於後更說

名字（言）（[illegible]

卒哭乃諱。敬鬼神之名也。諱，辟也。生者不相辟名。衛侯名惡，大夫有名惡，君臣同名，春秋不非。○辟音避，下皆同。禮不諱嫌名，二名不偏諱。為其難辟也。嫌名，謂音聲相近，若禹與雨、丘與區也。偏，謂二名不一一諱也。孔子之母名徵在，言在不稱徵，言徵不稱在。○禹與雨並于矩反，一讀雨音于付反。丘與區並去求反，一讀區音羌蚪反，又丘于反。案漢和帝名肇，不改京兆郡；魏武帝名操，陳思王詩云「脩阪造雲日」，是不諱嫌名。逮事父母則諱王父母，不逮事父母則不諱王父母。逮，及也。謂幼孤不及識父母，恩不至於祖名。孝子聞名心瞿，諱之由心，此謂庶人，適士以上廟事祖，雖不逮事父母，猶諱祖。○逮音代，一音大計反。瞿本又作懼，同，俱附反。適丁歷反。君所無私諱，謂臣言於君前不辟家諱，尊無二。○大夫之所有公諱。辟君諱也。詩書不諱，臨文不諱。為其失事正。廟中不諱。為有事於高祖，則不諱曾祖以下，尊無二也。於下則諱上。夫人之諱，雖質君之前，臣不諱也。臣於夫人之家恩遠也。質猶對也。○婦諱不出門。婦親遠，於宮中言辟之。○大功小功不諱。入竟而問禁，入國而問俗，入門而問諱。皆為敬主人也。禁，謂政教。俗，謂常所行與所惡也。國，城中也。○竟音境。惡烏路反。

【疏】卒哭至問諱。○正義曰：此一節論諱與不諱之事，各依文解之。○古人生不諱，故卒哭前猶以生事之，則未諱；至卒哭後，服已受變，神靈遷廟，乃神事之，敬鬼神之名，故諱之。諱，避也。生不相避名，名以名質，故言之不諱；死則質藏，言之則感動孝子，故諱之也。○注「衛侯」至「不非」。○正義曰：證生不相諱也。時君臣同名，春秋不譏。案魯襄公二十八年，衛石惡出奔晉；二十九年，衛侯衎卒，衛侯惡乃即位，與石惡不相干。熊氏云石字誤，當云大夫有名惡，知者，昭七年衛侯惡卒，穀梁傳云：「昭元年有衛齊惡，今衛侯惡，何謂君臣同名也？君子不奪人親所名也。」是衛齊惡不得為石惡也。○禮不諱嫌名。注：若禹與雨、丘與區。○正義曰：今謂禹與雨音同而義異，丘與區音異而義同，此二者各有嫌疑。禹與雨有同音嫌疑，丘與區有同義嫌疑。如此者不諱。若其音異義異，全是無嫌，不涉諱限，必其音同義同，乃始諱也。○二名不偏諱。注：孔子之母名徵在，言

諱——生不諱——相親乃諱

諱有（務不避）不諱——勉）案子於孫之[illegible]祢如讀言也

以文（祈諱者有直諱）

國——城中

在不稱徵言徵不稱在○正義曰不偏諱者謂兩字作名不一一諱之也孔子言徵不言在言在不言徵者案論語云足則吾能徵之矣是言徵也又云某在斯是言在也案異義公羊說譏二名謂二字作名若魏曼多也左氏說二名者楚公子弃疾弒其君即位之後改爲熊居是爲二名許慎謹案云文武賢臣有散宜生蘇忿生則公羊之說非也從左氏義也逮事王父母者逮及也王父母謂祖父母也若及事父母則諱祖也何以然孝子聞名心瞿祖是父之所諱則子不敢言既已終不言若父母已亡而已言便心瞿憶父母故諱之也○不逮事父母則不諱王父母者孝子若幼少孤不及識父母便得言之故不諱祖父母庾云諱王父母之恩正應由父所以逮言母者婦事舅姑同事父母且配夫爲體諱敬不殊故幼無父而識母者則可以諱王父母也○注此謂至諱祖正義曰適士已上廟事祖者祭法云適士二廟祖之與禰各一廟其中士下士亦廟事祖但祖禰共廟則既夕禮一廟是也熊氏云此適士者包中下士對庶人府史亦稱適也○大夫之所有公諱者今謂人於大夫之所正得避公家之諱不得避大夫諱所以然者尊君諱也君諱也若兼爲大夫諱則君諱不尊也不言士之所諱者士卑人不爲之諱故也或可大夫所有公諱者君及大夫諱耳亦無已之私諱玉藻云於大夫所有公諱無私諱但此文上承君所有私諱之下唯云大夫之所有公諱故略之不云無私諱耳○詩書不諱何胤云詩書謂教學時也臨文謂禮執文行事時也案論語云詩書執禮是教學惟誦詩書有誦禮則不諱惟臨文行事若有所

諱則並失事正故不諱也○廟中不諱者謂有事於高祖廟祝嘏辭說不爲曾祖已下諱也爲尊無二上也於下則諱上也若有事於禰則諱祖已上也○夫人之諱雖質君之前臣不諱也者夫人君之妻質對也夫人本家所諱臣雖對君前而言語不爲諱也臣於夫人之家恩遠故不諱也○婦諱不出門者門謂婦官門婦家之諱但於婦宮中不言耳若於宮外則不諱也故臣對君不諱也○注婦親遠於宮中言辟之○陳鏗問云雜記母之諱宮中諱妻之諱不舉諸其側也此則與母諱同何也田瓊荅曰雜記方分尊卑故詳言之曲禮據不出門大略言之耳母諱遠妻諱近則亦宜言也但所辟者狹耳○大功小功不諱者古者期親則爲諱陳鏗問曰亦爲父乎自已親乎田瓊荅曰雜記云卒哭而諱王父母兄弟世父叔父姑姊妹子與父同諱父諱齊衰親也然則大功小功不諱矣熊氏云大功亦諱小功不諱若小功與父同諱則亦諱之知者雜記云王父母兄弟世父叔父姑姊妹子與父同諱是父之世叔父及姑姊妹以下皆爲之小功父爲諱故已從父爲之諱○入竟而問禁者此以下並爲敬主人也竟界首也禁謂國中政教所忌凡至竟界當先訪問主國何所禁也入國而問俗者○國城中城中如今國門內也俗謂常所行也入主人之城內亦先問風俗常行也○入門而問諱者門主人之門也諱主人祖先君名宜先知之欲爲避之也問諱而以門爲限者主人出至大門外迎客客入門方應交接故於門爲限也故注云皆爲敬主人也

名字（附周氏稱）

鄭注自相違

殷周名氏同否

為銘各以其物亡則以緇長半幅赬末長終幅廣三寸書銘于末曰某氏某之柩銘明旌也雜帛為物大夫之所建也以死者為不可別故以其旗識識之愛之斯錄之矣亡無也無旌不命之士也半幅一尺終幅二尺在棺為柩今文銘皆為名末為旆也

疏○注銘明至旆也○釋曰自此至西階上論書死者銘旌之事此士喪禮記公侯伯之士一命亦記子男之士不命故此銘旌摠見之也云為銘各以其物者案周禮司常大夫士同建雜帛為物今云各以其物明不同者雜帛之物雖同其旌旗之杠長短則異故禮緯云天子之旗九刃諸侯七刃大夫五刃士三刃但死以尺易刃故下云竹杠長三尺長短不同故言各以別之此據侯伯之士一命者也云銘明旌也者檀弓文雜帛為物大夫之所建也者此司常文也言雜帛者為旗旌之縿以絳帛為之以白色之帛裨緣之鄭彼注云大夫士雜帛言以先王正道佐職是也云以死者至錄之矣者檀弓文案彼自銘明旌至錄之矣引之者事恰盡重與奠自為下事之別不得以周禮小祝之職杜子春解熬為重鄭不從其義故以證破子春又鄭注檀弓云謂重與奠此引證銘旌者鄭君兩解之以彼兼有重與奠亦是錄死者之義此銘旌是錄死者之名故兩注不同案周禮小祝云設熬置銘杜子春引檀弓曰銘明旌也以死者為不可別故以其旗識之愛之斯錄之矣子春亦為此解云無旌不命之士也者謂子男之士也云半幅一尺終幅二尺者經直云長半幅不言廣則亦三寸云赬末長終幅廣三寸則廣三寸摠結之但布幅二尺二寸今云二尺者鄭君計侯與深衣皆除邊幅一寸此亦兩邊除二寸而言之凡書銘之法案喪服小記云復與書銘自天子達於士其辭一也男子稱名婦人書姓與伯仲鄭注云此謂殷禮也殷質不重名復則臣得名君周之禮天子崩復曰皋天子復諸侯薨復曰皋某甫復其餘及書銘則同以此而言除天子諸侯之外其復男子皆稱姓名是以此云某氏某之柩云在棺為柩者下曲禮文以其銘旌表柩不表屍故據柩而言

竹杠長三尺置于宇西階上杠銘橦也宇梠也

疏○注杠銘至梠也○釋曰此始造銘訖且置於宇下西階上待為重訖以此銘置於重又下文卒塗始置於肂若然此時未用權置於此及於重也云宇梠也者案爾雅釋宮云檐謂之樀郭云屋梠謂當檐下故特牲記云饎爨在西壁鄭注云西壁堂之西牆下舊說云南北直屋梠稷在南是也

士喪禮 假禮器

名字

稱字與稱氏

司正升自西階相

旅作受酬者曰某酬某子某者字也某子者氏也稱酬者之字受酬者曰某子旅酬下爲上尊之也春秋傳曰字不若子此言某酬某子者射禮畧於飲酒飲酒言某子受酬以飲酒爲主 疏 司正至某子○注某者至爲主○釋曰云旅酬下爲上尊之也者以旅酬者少長以齒逮下之道前人雖卑其司正命之飲酒呼之稱謂尊於酬者故受酬者爲某子酬他爲某也云春秋傳曰者案莊十年秋九月經書荊敗蔡師于莘以蔡侯獻舞歸公羊傳曰荊者何州名也州不若國國不若氏氏不若人人不若名名不若字字不若子何休云爵最尊也鄭引之者證旅酬下爲上之義酬者稱字受酬者稱子子是尊稱云此言某酬某子者射禮畧於飲酒飲酒言某子受酬以飲酒爲主者此鄉射主於射略於飲酒故稱酬他者字又稱受酬飲酒者爲子是字不若子飲酒言某子受酬直以飲酒爲主故也

鄉射禮（儀禮十二）

名字

「某子」之「某」＝姓｜同姓則以伯仲別又同則以字

別

單言「某」＝字

司正升相旅曰某子受酬受酬者降席旅序也於是介酬眾賓眾賓又以次序相酬某者眾賓姓也同姓則以伯仲別之又同則以且字別之疏注旅序至別之。釋曰上文作相爲司正注云將留賓爲有懈惰立司正以監之今以賓主及介旅酬不監之至眾賓乃監者以其主人與賓介習禮已久又各一位不嫌失禮至於眾賓既不久習禮又同在一位恐其失禮故須監之也云某者眾賓姓也者以某在子上故知是眾賓姓也若單言某則是字故鄉射云某酬某子注云某者字也云同姓則以伯仲別之者但此眾賓之內有同姓司正命之則呼伯仲別之也云又同則以且字別之者爲同姓之中有伯仲同者則以某甫且字別之也

鄉飲酒禮、鄉射禮

名字

字辭曰禮儀既

備令月吉日昭告爾字昭明也 疏 字辭至爾字。釋曰此字文在三代之下而言則亦遂三代字辭同此辭賓直西序東面與子爲字時言之也 爰字孔嘉髦士

攸宜爰於也孔甚也髦俊也攸所也 宜之于假永受保之曰伯某甫仲叔季唯其所當于猶爲也假大也宜之是爲大矣伯仲叔季長幼之稱甫是丈夫之美稱孔子爲尼甫周大夫有嘉甫宋大夫有孔甫是其類甫字或作父 疏 宜之至所當。釋曰云伯某甫者某若云嘉也但設經不得定言人字故言甫爲且字是以禮記諸侯薨復曰皐某甫復鄭云某甫且字以臣不名君且爲某之字呼之既此某甫立爲且字言伯仲叔季者是長幼次第之稱若兄弟四人則依次稱之夏殷質則積仲周文則積叔若管叔蔡叔之類是也云唯其所當者二十冠時與之作字猶孔子生三月名之曰丘至二十冠而字之曰仲尼有兄曰伯居第二則曰仲但殷質二十爲字之時兼伯仲叔季呼之周文二十爲字之時未呼伯仲至五十乃加而呼之故檀弓云五十以伯仲周道也是呼伯仲之時則兼二十字而言若孔子生於周代從周禮呼尼甫至五十去甫以尼配仲而呼之曰仲尼是也若然二十冠而字之未呼伯仲叔季今於二十加冠而言者一則是殷家冠時遂以二十字呼之二則見周家若不死至五十乃加而呼之若二十已後死雖未滿五十即得呼伯仲知義然者見慶父乃是莊公之弟桓六年莊公生至閔公二年慶父死時莊公未滿五十慶父乃是莊公之弟時未五十慶父死號曰共仲是其死後雖未五十得呼仲叔季故二十冠時則以伯仲叔季當擬之故云唯其所當也。注于猶至作父。釋曰知甫是丈夫之美稱者以其人之賢愚皆以爲字故隱元年公及邾儀父盟于蔑穀梁傳云儀字也父猶傅也男子之美稱也是也云孔子爲尼甫者哀十六年孔丘卒哀公誄之曰哀哉尼甫因字號謚曰尼甫也云周大夫有嘉甫者桓公十五年天王使嘉甫來求車是也云宋大夫有孔甫是其類者案左氏傳桓二年孔父嘉爲司馬是也鄭引此者證有冠而爲此字之意故云是其類也父甫字或作父者字亦通或尼甫嘉甫孔甫等見爲父字者也

夏殷質積仲　周文積叔

殷質二十為字時兼伯仲叔季呼之周文五十乃加　一二十冠而

非至五十即得字伯仲

古籍札記（名字札一）

謚

婦人從夫謚

柏舟序釋文共姜共伯之妻也婦人從夫謚

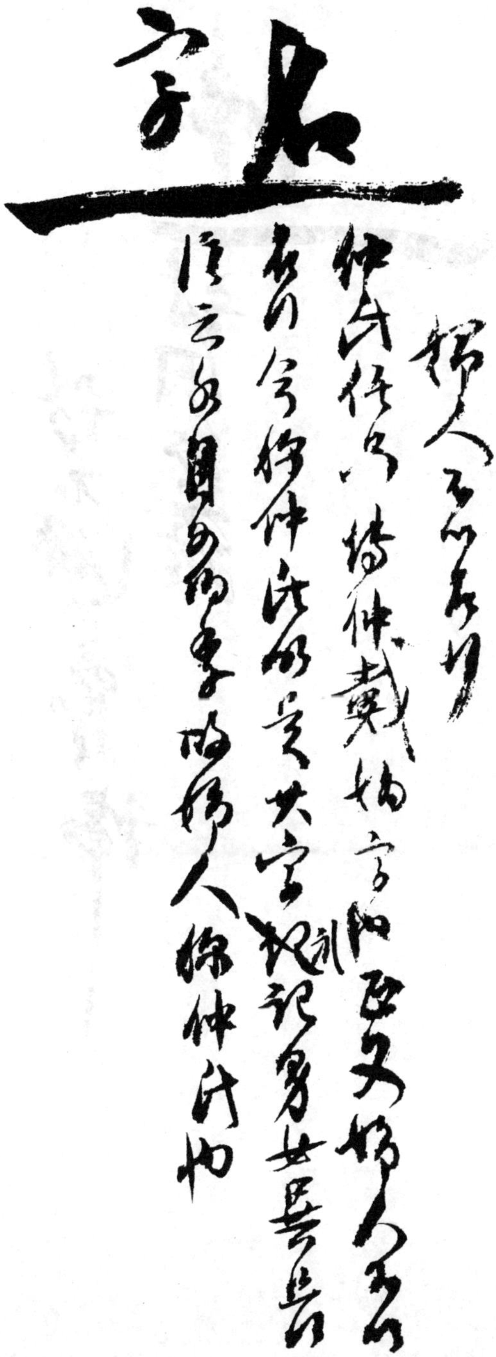

詩一

讀周[illegible]雜

讀[illegible]記

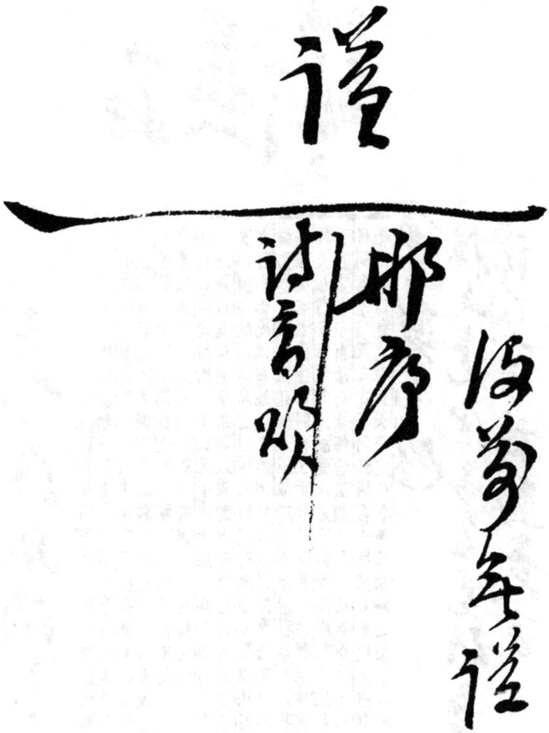
譜一

名謚

湯名履又名天乙

堯舜禹湯、、、皆名非謚

言堯者孔無明解案下傳云虞氏舜名然堯舜相配爲義既舜爲名則堯亦名也以此而言禹湯亦名
於下都無所解而放勳重華文命注隨其事而解其文以爲義不爲堯舜及禹之名據此似堯舜及禹與湯相類名則俱
名不應殊異案鄭以下亦云虞氏舜名與孔傳不殊及鄭注中候云重華舜名則舜不得有二名鄭注禮記云舜之言充
是以舜爲號謚之名則下注云舜名亦號謚之名也推此則孔君亦然何以知之既湯類堯舜當爲名而孔注論語曰予
小子履云履是殷湯名是湯名履而湯非名也又此不云堯舜是名則堯及舜禹非名於是明矣既非名而放勳重華文
命蓋以爲三王之名同於鄭玄矣鄭知名者以帝繫云禹名文命以上類之亦名若然名本題情記意必有義者蓋運命
相符名與運接所以異於凡平或說以其有義皆以爲字古代尚質若名之不顯何以著字必不獲已以爲非名非字可
也譙周以堯爲號皇甫謐以放勳重華文命爲名案謚法翼善傳聖曰堯仁義盛明曰舜是堯舜謚也故馬融亦云謚也
又曰淵源流通曰禹雲行雨施曰湯則禹湯亦是謚法而馬融云禹湯不在謚法故疑之將由謚法或本不同故有致異
亦可本無禹湯爲謚後來所加故或本曰除虐去殘曰湯是以異也檀弓曰死謚周道也周書謚法周公所作而得有堯
舜禹湯者以周法死後乃追故謂之爲謚謚者累也累其行而號也隨其行以名之則死謚猶生號因上世之生號陳之
爲死謚明上代生死同稱上世質非至善至惡無號故與周異以此堯舜或云號或云謚也若然湯名履而王侯世本湯
名天乙者安國意蓋以湯受命之王依殷法以乙日生名天乙至將爲王又改名爲履故二名也亦可安國不信世本無
天乙之名皇甫謐巧欲傳會云以乙日生故名履字天乙又云祖乙亦云乙日生復名乙引易緯孔子所謂天之錫命故
可同名既以天乙爲字何云同名乎斯又妄矣號之曰堯者釋名以爲其尊高堯堯然物莫之先故謂之堯也謚法云翼
善傳聖曰堯堯者以天下之生善因善欲禪之故二八顯升所謂爲翼能傳位於聖人天下爲公此所以出衆而高也

（書堯典疏）

按此堯虞帝名，馬融云謚也

譙周一云放勳堯字

馬云放勳堯名，皇甫

師偽言曰君歸在京曰蓋舜　於傳蓋氏舜名釋文

蓋舜蓋氏舜名號焉云舜讓禹　舜致敬賢焉得其

虞子名號始爲名言論

虞氏舜名嗟舜之爲虞猶禹之爲夏外傳稱禹氏曰有夏則此舜氏曰有虞顓頊已來地爲國號

而舜有天下號曰有虞氏是地名也王肅云虞地名也皇甫謐云堯以二女妻舜封之於虞今河東太陽山西虞地是也

然則舜居虞地以虞爲氏堯封之虞爲諸侯及王天下遂爲天子之號故從微至著常稱虞氏舜爲生號之名前已具釋

天禹有讓[redacted]文命數於海於傳言禹名乃字德

號命　釋文文命於云文德數號而先儒云

文命禹名

伊尹相湯伐桀升自陑桀都安邑湯升道從陑出其不意陑在河曲之南○相息亮反湯如字馬云俗儒以湯爲諡或爲號號者似非其意言諡近之然不在諡法故無聞焉及禹俗儒以爲名帝系禹名文命王侯世本湯名天乙推此言之禹豈復弃諡乎亦不在諡法故疑焉然其列反夏之末天子升音昇陑音而

成湯放桀于南巢惟有慙德湯伐桀武功成故以爲號南巢地名有慙德慙德不及古○湯伐桀武功成故號成湯一云成諡也

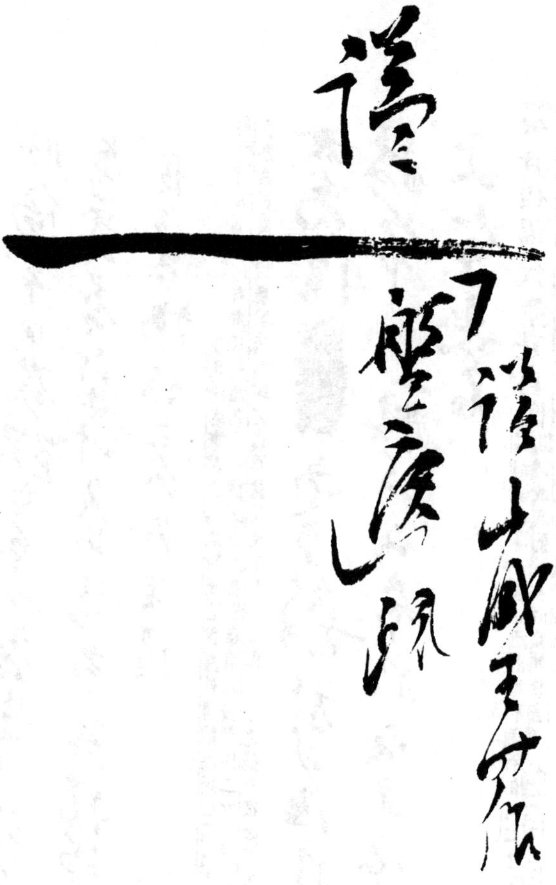

名字

叔是名

○柔會宋公陳侯蔡叔盟于折無傳柔魯大夫未賜族者蔡叔蔡大夫叔名也折地闕○折之設反又市列反【疏】注柔魯至地闕○正義曰以柔不稱族與無駭相類是無族可稱知其未賜族也亦以蔡叔無善可嘉知叔是名叔亦無族蓋亦未賜族也○公會宋公于夫鍾無傳夫鍾成地○夫音扶冬十有二月公會宋公于闞無傳闞魯地在東平須昌縣東南○闞口暫反須宣踰反

十三經注疏 春秋左傳七 桓公十一年 九

左桓十一

名諱

名有五

周人以諱事神——諱始于周

不時名未是諱

生不諱故臣以君父自名

詩書不諱

臨文不諱

諱名不諱字

公問名

於申繻對曰名有五有信有義有象有假有類。申繻魯大夫。繻音須。以名生爲信若唐叔虞魯公子友以德命爲義若文王名昌武王名發疏注若文至名發。○正義曰周本紀稱大王見季歷生昌有聖瑞乃言曰我世當有興者其在昌乎則是大王見其有瑞度其當興故名之曰昌欲令昌盛周也其度德命發則無以言之服虔云謂若大王度德命文王曰昌文王命武王曰發似其有舊說也舊說以爲文王見武王之生以爲必發兵誅暴故名曰發以類命爲象若孔子首象尼丘疏注若孔至尼丘。○正義曰孔子世家云叔梁紇與顏氏禱於尼丘得孔子孔子生而首上圩頂故因名曰丘字仲尼是其象尼丘也取於物爲假若伯魚生人有饋之魚因名之曰鯉。○鯉音里疏注若伯至曰鯉。○正義曰家語本姓篇云孔子年十九娶於宋之亓官氏一歲而生伯魚伯魚生魯昭公以鯉魚賜孔子孔子榮君之賜因名子曰鯉字伯魚此注不言昭公賜而云人有饋之者如家語則伯魚之生當昭公九年昭公庸君孔子尚少未必能尊重聖人禮其生子取其意而遂其人疑其非昭公故取

十三經注疏　春秋左傳六　桓公六年　六

古撰

於父爲類若子同生有與父同者不以國國君之子不自以本國爲名也疏注國君至名也。正義曰下云以國則廢名以國不可易廢名不諱若以他國爲名則不須自廢名也且春秋之世晉侯周衛侯鄭陳侯吳衛侯晉之徒皆以他國爲名以此知不以國者謂國君之子不得自以本國爲名不以山川者亦謂國內之山川下云以山川則廢主謂廢主謂廢國內之所主祭也若他國山川則非其主不須廢也此雖因公之問而對以此法曲禮亦云名子者不以國不以日月不以隱疾不以山川則諸言不以者臣民亦不得以也此注以其言國故特云國君子耳其實雖非國君之子亦不得以國爲名其言廢名廢禮之徒唯謂國君之子若使臣民之名國家不爲之廢也然則臣民之名亦不以山川而孔子魯人尼丘魯山得以丘爲名者蓋以其有象故特以類命非常例也不以官不以山川不以隱疾隱痛疾患辟不祥也疏注隱痛至祥也正義曰鄭玄云隱疾衣中之疾也謂若黑臀黑肱矣疾在外者雖不得言尚可指擿此則無時可辟俗語云隱疾難爲醫案周語單襄公曰吾聞成公之生也其母夢神規其臀以黑曰使有晉國故命之曰黑臀此與叔虞季友復何以異而云不得名也且黑臀黑肱本非疾病以證隱疾非其類也詩稱如有隱憂是隱爲痛也以痛疾爲名則不祥之甚故以爲辟不祥不以畜牲畜牲六畜疏注畜牲六畜。正義曰爾雅釋畜於馬牛羊豕狗雞之下題曰六畜故鄭衆服虔皆以六畜爲馬牛羊豕犬雞周禮牧人掌牧六牲鄭玄亦以馬牛等六者爲之然則畜牲一物養之則爲畜共用則爲牲故并以六畜解六牲不以器幣幣玉帛疏注幣玉帛。正義曰周禮小行人合六幣圭以馬璋以皮璧以帛琮以錦琥以繡璜以黼然則幣玉帛者謂此圭璋璧琮帛錦繡黼之屬也以幣以幣爲玉帛則器者非徒玉器服虔以爲俎豆罍彝犧象之屬皆不可以爲名也周人以諱事神名終將諱之君父之名固非臣子所斥然禮既卒哭以木鐸徇曰舍故而諱新謂舍親盡之祖而諱新死者故言以諱事神名終將諱之自父至高祖皆不敢斥言。周人以諱事神名絕句衆家多以名字屬下句鐸待洛反徇似俊反本又作殉同舍音捨下同疏周人至諱之。正義曰自殷以往未有諱法諱始於周周人尊神之故爲之諱名以此諱法藏事明神故言周人以諱事神子生三月爲之立名終久必將諱之故須豫有所辟爲下諸廢張本也終將諱之謂死後乃諱之。注君父至斥言。正義曰君父之名固非臣子所斥謂君父生存之時臣子不得指斥其名也禮稱父前子名君前臣名鄭玄云對至尊無大小皆相名是對父則弟可以名兄對君則子可以名父非此則不可也文十四年傳曰齊公子元不順懿公之爲政也終不曰公曰夫已氏注云猶言某甲是斥君名也彼以不順故斥其名知平常不斥君也成十六年傳曰欒書將載晉侯鍼曰書退國有大任焉得專之注云在君前故子名其父彼以對君故名其父知平常不斥父也雖不斥其名猶未是爲諱曲禮曰卒哭乃諱鄭玄云敬鬼神之名也諱辟也生者不相辟名衛侯名惡大夫有石惡君臣同名春秋不非是其未爲之諱故得與君同名但言及於君則不斥君名耳既言生已不斥死復爲之加諱欲表爲諱之節故言然以形之禮既卒哭以木鐸徇曰舍故而諱新自寢門至於庫門皆禮記檀弓文也既引其文更解其意謂舍親盡之祖而諱新死者也親盡謂高祖之父服絕廟毀而親情盡也卒哭之後則以鬼神事之故言以諱事神又解終將諱之所諱世數自父上至高祖皆不敢斥言此謂天子諸侯禮也曲禮曰逮事父母則諱王父母不逮事父母則不諱王父母鄭玄云此謂庶人適士以上廟事祖雖不逮事父母猶諱祖以其立廟事之無容不爲之諱也天子諸侯立親廟四故高祖以下皆爲諱親盡乃舍之既言以諱事神則是神名必諱文王名昌武王名發詩雝禘大祖祭文王之廟也其經曰克昌厥後周公制禮臨人有昌本之道七月之詩周公所作經曰一之日觱發烝民詩曰四方受廢皆不以爲諱而得言之者古人諱者臨時言語有所辟耳至於制作經典則直言不諱曲禮曰詩書不諱臨文不諱是爲詩爲書不辟諱也由作詩不諱故祭得歌之尚書牧誓云今予發武成云周王發武王稱名告衆史官錄而不諱知於法不當諱也金縢云元孫某獨諱者成王啓金縢之書親自讀之諱其父名曰改爲某既讀之後史官始錄依王所讀遂即云某武成牧誓則宣諸衆人宣訖則錄故因而不改也古者諱名不諱字禮以王父字爲氏明其不得諱也屈原云朕皇考曰伯庸是不諱之驗也**故以國則廢名**國不可易故廢名疏注國不至廢名。正義曰國名受之天子不可輒易若以國爲名終卒之後則廢名不諱若未卒之前誤以本國爲名則改其所名晉之先君唐叔封唐燮父稱晉若國不可易而晉得改者蓋王命使改之**以官則廢職以山川則廢主**改其山川之名疏注改其山川之名。正義曰廢主謂廢其所主山川之名不廢其所主之祭知者漢文帝諱恒改北嶽爲常山諱名不廢嶽是也劉炫云廢主謂廢其所主山川不復更得其祀故須改其山川之名魯改二山是其事也**以畜牲則廢祀**名豬則廢豬名羊則廢羊**以器幣則廢禮晉以僖侯廢司徒**僖侯名司徒廢爲中軍。疏廢祀廢禮。正義曰祀以牲爲主無牲則祀廢器幣以行禮器少則禮闕祀雖用器少一器而祀不廢且諸禮皆用器幣故以廢禮揔之**宋以武公廢司空**武公名司空廢爲司城**先君獻武廢二山**二山具敖也魯獻公名具武公名敖更以其鄉名山。敖五羔反疏注二山至名山。正義曰晉語云范獻子聘於魯問具敖之山魯人以其鄉對獻子曰不爲具敖乎對曰先君獻武之諱也是其以鄉名山也禮稱舍故而諱新親盡不復更諱計獻子聘魯在昭公之世獻武之諱久已舍矣而向以鄉對者當諱之時改其山號諱雖已舍山不復名故依本改名以其鄉對猶司徒司空雖歷世多而不復改名也然獻子言之不爲失禮而云名其二諱以自尤者禮入國而問禁入門而問諱獻子入魯不問故以之爲慙耳**是以大物不可以命公曰是其生也與吾同物命之曰同**物類也謂同日疏注物類也謂同日。正義曰魯世家云桓公六年夫人生子與桓公同日故名之曰同是知同物爲同日也言物類者辨此以爲類命也○**冬紀侯來朝請王命以求成于齊公告不能**紀微弱不能自通於天子欲因公以請王命公無寵於王故告不能

名字

以伯仲叔季爲名

祭足勞王且問左右祭足即祭仲之字蓋名仲字仲足也勞王問左右言鄭志在苟免王討之非也○勞力報反注同名仲字仲足一本作名仲字足疏注祭足至非也○正義曰隱元年傳稱祭仲上云祭仲足此云祭足十一年傳云祭封人仲足此人雖名字互見而不知孰字孰名公羊以仲爲字左氏先儒亦以爲字但春秋之例諸侯之卿嘉之乃書字十一年經書祭仲而事無可嘉注意以仲爲名故云名仲字仲足釋例曰伯仲叔季固人字之常然古今亦有以爲名者而公羊守株專謂祭氏以仲爲字旣謂之字無辭以善之因託以行權人臣而善其行權逐君是亂人倫壞大教也說左氏者知其不可更云鄭人嘉之以字告故書字此爲○因有告命之例欲以苟免未是春秋之實也宰渠伯糾蕭叔大心皆以伯叔爲名則仲亦名也傳又曰祭仲足或偏稱仲或偏稱足蓋名仲字足也是辨其名仲之意也凡傳所記事必有意存焉此丁寧說鄭言其志在苟免知其意言王討之非也

夜鄭伯使

左右

名

名字

○初晉穆侯之夫人姜氏以條之役生太子命之曰仇條晉地大子文侯也意取於戰相仇怨○仇音求其弟以千畝之戰生命之曰成師桓叔也西河界休縣南有地名千畝意取能成其衆疏千畝之戰○正義曰案周本紀宣王三十九年王與姜戎戰于千畝取此戰事以爲子名也師服曰異哉君之名子也師服晉大夫○名如字或彌政反夫名以制義名之必可言也義以出禮禮從義出禮以體政政以禮成政以正民是以政成而民聽易則生亂反易禮義則亂生也疏夫名至生亂○正義曰出口爲名合宜爲義人之出言使合於事宜故云名以制義杖義而行所以生出禮法故云義以出禮後禮而行所以體成政教故云禮以體政以禮爲政以正下民故云政以正民今晉侯名子不得其宜禮教無所從出政不以禮則民各有心故爲始兆亂也嘉耦曰妃怨耦曰仇古之命也自古有此言○耦五口反妃芳非反今君命大子曰仇弟曰成師始兆亂矣兄其替乎穆侯愛少子桓叔俱取於戰以爲名所附意異故師服知桓叔之黨必盛於晉以傾宗國故因名以諷諫○替他計反廢也少詩照反諷芳鳳反疏注穆侯至諷諫正義曰大子與桓叔雖並因戰爲名而所附意異仇取於戰相仇怨成師取能成師衆緣名求義則大子多怨仇而成師有徒衆穆侯本立此名未必先生此意但寵愛少子於時已著師服知桓叔將盛故推出此理因解其名以爲諷諫欲使之强幹弱枝耳人臣規諫若無端緒馮何致言以申己志非謂人之立名必將有驗而何休謂左氏後有興亡由立名善惡引后稷名棄爲讐言以難左氏非也

桓二

名

字

周人以諱事神名終將諱之 名備出生之稱 謚號

幼名冠字 冠而字之敬其名也

周公太王以下不能尊大字 然公尊稱 其實稱了

方叔尼甫 似是字 其後多是無疑

加以甫字

加以子字

加以排行

加以卿 漢人何郎之 韓卿郎

以一字爲字如嘉望字然 唐人稱作大字一稱

儀禮喪服說、詞古字共釋稿　呂思勉作　女翼仁鈔

名

別號

花裏美齋等的號之者　壺陽號宋石　愚拙子翁

冠字　青山の號

葛洪抱朴子　五柳先生　華陽隱居—陶弘景—

此皆日本別號之好

又有為菴隱者號知其の所稱字之號後陽卿—

陸龜蒙號天隨子　林和靖之真子

米萬隆安人草號　老泉東山東坡

諱字趣[illegible]爭作日本之先生—德源道

東平建武　蒼之到國官信

以中興業以謙恭自持　沈汝陽蔡季寶　吳八漢君書

烏程任匪條　宜無因見　致陰勝則

仔　爲

今則獨　蒼以郡讓孫壽於中六以男日本　權縣中山

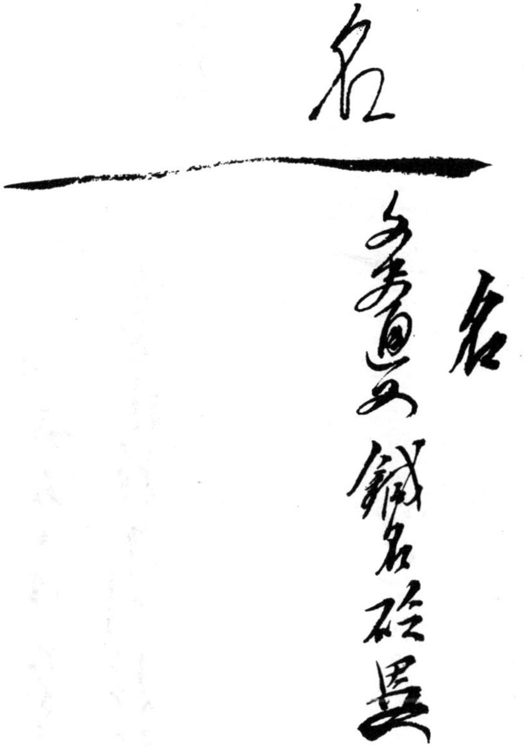

名

一、以父名子以夫名妻以子名母以母名女

古書疑義舉例 稱謂例

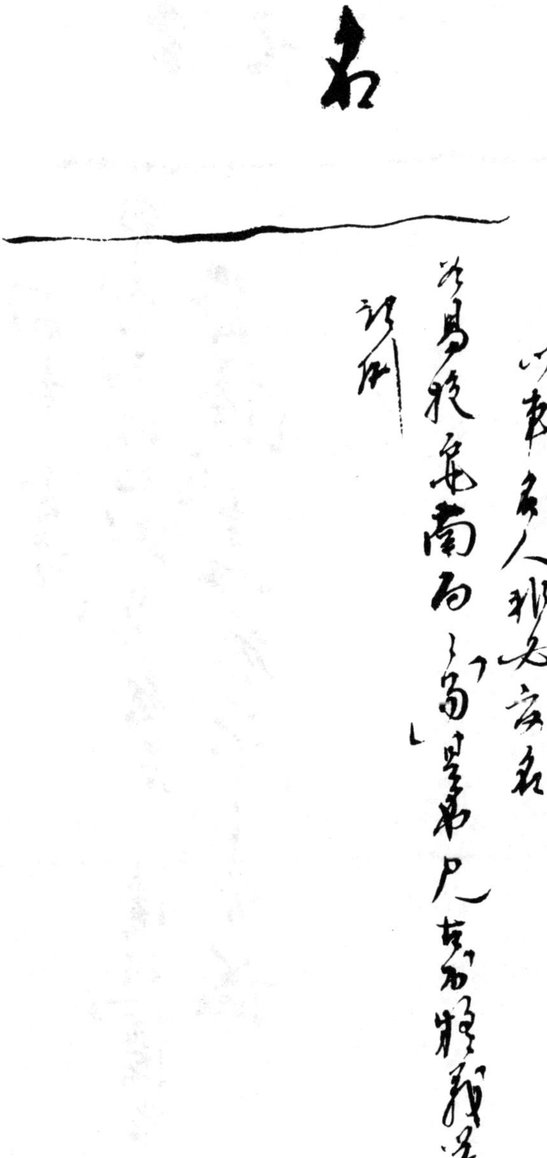

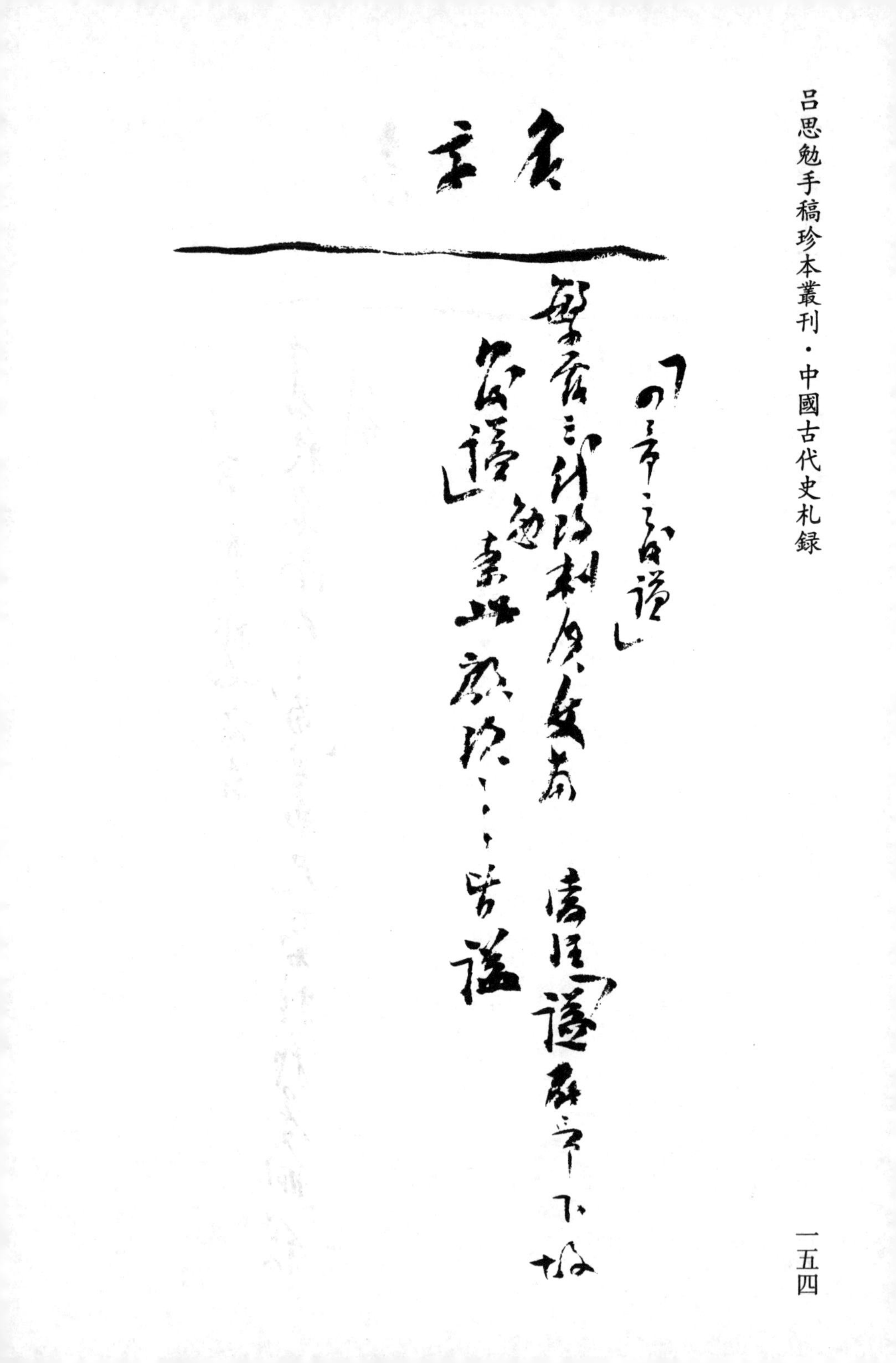

[illegible]

「[illegible]」

[illegible]

名字

冠義文

「已冠而字之成人之道也」

謚

謚

子曰先王謚以尊名節以壹惠恥名之浮於行也謚者行之迹也名者謂聲譽也言先王論行以爲謚以尊名者使聲譽可得而尊信也壹讀爲一惠猶善也言聲譽雖有衆多者則以其行一大善者爲謚耳在上曰浮君子勤行成功聲譽踰行是所恥○謚音示是故君子不自大其事不自尚其功以求處情過行弗率以求處厚彰人之善而美人之功以求下賢率循也行過不復循行猶不二過○下戶嫁反復扶又反是故君子雖自卑而民敬尊之言謙者所以成行立德子曰后稷天下之爲烈也豈一手一足哉烈業也言后稷造稼穡天下世以爲業豈一手一足踰用之者多無數也唯欲行之浮於名也故自謂便人亦言其謙也辟仁聖之名云自便習於此事之人耳○行下孟反便婢面反又婢綿反注同辟音避

○子曰先王謚以尊名○以前經論君子求福不回此一節廣明君子名行相副卑已尊人之義○謚以尊名者謚謂謚號名謂聲譽言人身死之後累列生時之行跡作謚號者以尊敬生前之聲名可得傳於後世○節以一惠者言爲謚之時善行雖多但限節以一箇善惠以爲謚也○恥名之浮於行也者所以善行既多但取一事爲謚者恥善名之多浮過於行忠行不副於名所以減衆善之名但取一事之善爲謚也○是故君子不自大其事不自尚其功以求處情者大謂誇大既不欲行過於名故不自誇大其所爲之事不自加尚其所爲之功名所以不大尚者以求處情實不欲虛爲矯節也○過行弗率以求處厚者率循也若有過失之行不復循而行之即脩改以求處其仁厚之道過失即改以求處其厚也○注壹讀爲一惠猶善也言聲譽雖有至踰行所恥○正義曰上一是齊一下一是數之一二也今經文爲大壹之字鄭恐是均同之理故讀爲小一取一个善名而爲謚耳○云在上曰浮者言物在水上稱浮如浮雲云君子勤行成功聲譽踰行是所恥者言君子之人唯寢默勤行成功不自彰伐若使聲譽踰越於行是君子所恥也○子曰后稷天下之爲烈也豈一手一足哉○以上經君子取名浮於行故此經名后稷謚名不可過行也言后稷雖有大業不自謂聖人而稱便人后稷天下之爲烈者言后稷周之始祖有播殖之功烈業也言天下之人並將爲業豈一手一足哉者言后稷之功豈止一人之手一人之足而用之哉言用之者多天下皆是也○唯欲行之浮於名也故自謂便人者言后稷唯欲得實行過於虛名故自謂便於稼穡之人不自謂已之仁聖也

表记

名字

且字

昉記以此昉作名者杜稱生存人之稱者其死曰諱

乃亦後學字蓋並且字

名諱

諱

卒哭而諱（自此而鬼神事之尊而諱其名）王父母兄弟世父叔父姑姊妹子與父同諱（父爲其親諱則子不敢不從諱也謂王父母以下之親諱是謂士也天子諸侯諱羣祖）母之諱宮中諱妻之諱不舉諸其側與從祖昆弟同名則諱（母之所爲其親諱子孫於宮中不言妻之所爲其親諱夫於其側亦不言也孝子聞名心瞿凡不言人諱者亦爲其相感動也子與父同諱則子可盡曾祖之親也從祖昆弟在其中於父輕不爲諱與母妻之親同名重則諱之）

疏　卒哭而諱至則諱○正義曰此一節論親戚死亡諱辟名之事各隨文解之○卒哭而諱者謂卒哭之前猶以生禮事之卒哭之後去生漸遠以鬼道事之故諱其名○王父母者謂父之王父母於已爲曾祖父母正服小功不合諱也以父爲之諱故子亦自於父而諱之兄弟者是父之兄弟於已爲伯叔正服期父亦爲之期是子與父同是有諱也世父叔父者是父之世父叔父於已是從祖也正服小功不合諱以父爲之諱故已從父而諱姑者謂父之姑也於已爲從祖姑在家正服小功出嫁緦麻不合諱以父爲之諱故已從父而諱姊妹者謂父之姊妹於已爲姑在家正服期出嫁大功九月是已與父同爲之諱也○子與父同諱者言此等之親子之與父同爲之諱○注父爲至羣祖○正義曰云父爲其親諱則子不敢不從諱也者謂父之王父母世父叔父及姑等於已小功以下不合諱但父爲之諱故子不敢不從諱其父之兄弟及姊妹已爲合諱不假從父而諱鄭此注者據已不合諱者而言之也云謂王父母以下之親諱是謂士也者此士者謂父身也以父身是士故諱王父若是庶人子不逮事父母則不諱王父母也直云王父母以下足矣復云之親諱者父之世父叔父與姑等皆是王父所生今爲之諱故云王父母以下之親諱也云天子諸侯諱羣祖者以其天子七廟諸侯五廟故知諱羣祖母之諱宮中諱者謂母所爲其親諱其子於一宮之中爲諱而不言也○妻之諱不舉諸其側者謂妻諸親之諱其夫不得稱舉其辭於其妻之側但不得在側言之則於宮中遠處得言之也與從祖昆弟同名則諱者謂母與妻二者之諱與已從祖昆弟名同則爲之諱不但宮中旁側其在餘處皆諱之○注子與至諱之○正義曰云子與父同諱則子可盡曾祖之親也者父爲王父諱於子則爲曾祖父之伯叔及姑則是子曾祖之親故云子與父同諱則子可盡曾祖之親也前經所云者是也云從祖昆弟在其中者從祖昆弟共同曾祖之親故云在其中云於父輕不爲諱者從祖昆弟於父言之是父之同堂兄弟子也父服小功不爲之諱已又不得從父而諱若與母妻之親同名重則諱之重謂重累謂母妻諱與從祖昆弟名相重累則諱之不但爲母妻而諱若從祖昆弟身死亦爲諱故云於父輕不爲之諱與母妻之親同名重則諱之觀檢注意是爲從祖昆弟諱而生文也

教訓

君諱

諱

○過而舉君之諱則起舉猶言也起立者失言而變自新與君之諱同則稱字謂諸臣之名也疏過而王稱

字○正義曰此一節明辟君之諱也過謂過誤也舉猶言也若過誤言君之諱則起而改變自新

禮記下

名

名子

○凡名子不以日月不以國（終使易諱易以豉反）。不以隱疾（諱衣中之疾難爲醫也）大夫士之子不敢與世子同名（尊世子也其先世子生亦勿爲改）

疏 凡名至同名。正義曰此一節論子名之法尊卑上下同有諱辟又大夫士之名子辟世子之名。注其先至爲改。正義曰知先世子生亦勿爲改者按春秋衛襄公名惡其大夫有齊惡明齊惡先衛侯生故得與衛侯同名是知先生者不改也

內則

訃語

訃之稱謂死不祿

春秋書諸侯之薨者曰卒也

〇凡訃於其君曰君之臣某死訃或皆作赴赴至也臣死其子使人至君所告之。訃音赴注及下同父母妻長子曰君之臣某之某死此臣於其家喪所主者。長丁丈反後長子皆同君訃於他國之君曰寡君不祿敢告於執事夫人曰寡小君不祿大子之喪曰寡君之適子某死君夫人不稱薨告他國君謙也。大音泰後大子同適丁歷反下文注適子其適宗適適妻並同

疏凡訃至某死。正義曰此一節總明遭喪訃告於君及敵者并訃於鄰國稱謂之差各隨文解之。父母妻長子曰君之臣某之某死者上某是生者臣名下某是臣之親屬死者云君之臣姓某甲之父死也曰寡君至執事者以謙故稱寡君若云寡德之君雖復壽考仍以短折言之故云不祿不敢指斥鄰國君身故云敢告於執事也。夫人至某死者皆當云告於執事不言者略之故也。注君夫至謙也。正義曰按下曲禮云諸侯曰薨夫人尊與君同也今夫人與君同不稱薨者以告他國之君及夫人自謙退是不敢從君及夫人之禮也按下曲禮篇云士曰不祿今雖謙退而同士稱者按異義今春秋公羊說諸侯曰薨訃於鄰國亦當稱薨經書諸侯言卒者春秋之文王魯故稱卒以下魯古春秋左氏說諸侯薨赴於鄰國稱名則書名稱卒卒者終也取其終身又以尊不出其國許君謹按士虞禮云尸服卒者之上服不分别尊卑皆同年卒者卒終也是終没之辭也鄭駁之云按雜記上云君薨訃於他國之君曰寡君不祿曲禮下曰壽考曰卒短折曰不祿今君薨而云不祿者言臣子於君父雖有考終眉壽猶若其短折然若君薨而訃者曰卒卒是壽終矣斯無哀惜之心非臣子之辭鄰國來赴書以卒者言無所老幼皆終成人之志所以相尊敬如異義所論是君稱不祿之意若杜元凱注左氏傳則與此異按隱三年聲子卒傳云不赴故不曰薨杜云鄰國之赴魯史書卒者臣子惡其薨名改赴書也如鄭此云不祿謂赴者口辭矣春秋所云薨謂赴書之策所以不同者言壽考曰卒短折曰不祿杜以爲禮記後人所作不正與春秋同杜所不用也

大夫訃於同國適者曰某不祿訃於士亦曰某不祿訃於他國之君曰君之外臣寡大夫某死訃於適者曰吾子之外私寡大夫某不祿使某實訃於士亦曰吾子之外私寡大夫某不祿使某實

適讀爲匹敵之敵謂爵同者也實當爲至此讀周秦之人聲 疏 正義曰此一經明大夫之卒相訃告之禮也○適者曰之誤也○適依注音敵大歷反下適者同實依注音至下同 疏 某不祿者謂同國大夫位相敵者曰某不祿○訃於至不祿者大夫既尊於士士處亦得稱不祿稱某者或死者之名或死者官號而赴者得稱之○訃於至外臣者大夫不屬他國故云外臣自謙退無德故云寡大夫某矣尊敬他君不敢申辭故云某死○訃於至某實者訃於適者謂大夫死訃於他國大夫相敵體者謂訃告大夫以是殊國私有恩好故曰外私以赴大夫其辭得申故云某不祿以身赴告故云使某實○訃於士至某實者謂大夫之喪訃他國之士其辭與訃大夫同此所云大夫者上下皆同曰大夫無以爲異也

十三經注疏　禮記四十　雜記上　二

士訃於同國大夫曰某死訃於士亦曰某死訃於他國之君曰君之外臣某死訃於大夫曰吾子之外私某死訃於士亦曰吾子之外私某死 疏 正義曰此一經論士喪相訃告之稱云某死者以其士賤赴大夫及士皆云某死若訃他國之君及大夫士等皆云某死但於他君稱外臣於大夫士言外私耳

諱

士於君所言大夫沒矣

則稱謚若字名士與大夫言名士字大夫君所大夫存亦名疏王於至大夫○正義曰此一節論士於君及大夫之所言羣臣之法○士於君所言大夫者謂士在

君前與君言論及於大夫也○沒矣則稱謚若字者君前臣名若彼大夫生則士呼其名若彼大夫已死沒而士於君前

言則稱彼謚無謚則稱字不呼其名敬貴故也○名士者士賤雖已死而此生士與君言猶呼死士名也○與大夫言名

士字大夫者謂士與大夫言次論及他生大夫士之法也士賤故呼之名大夫貴故呼之字也若大夫士卒則字士謚大夫於大夫所有公諱無私諱公諱君言語所辟先君之名凡

祭不諱廟中不諱謂祝嘏之辭中有先君之名者也凡祭祭羣神廟中上不諱下○嘏古雅反教學臨文不諱爲聽未知者○爲于僞反下爲幼爲老事同疏於大

至不諱○正義曰此一節論諱與不諱之法○有公諱無私諱者謂士及大夫言但諱君家不自私諱父母也崔氏云謂

伯叔之諱耳若至親則不得言庾云謂士與大夫言有音字同己祖禰名字皆不得諱辟敬大夫故不重敬凡祭不諱廟

中不諱者謂祝嘏之辭中有先君名者也凡祭祭羣神也謂社稷山川百神也祝嘏辭中有先君之名不諱之也廟中上

不諱下若有事於祖則不諱父也有事於父則諱祖○教學臨文不諱者教學爲師長也教人若諱疑誤後生也臨文謂

簡牘及讀法律之事也若諱則失於事正也

諱

敬以事人而不傷

玉溪

名

字下加子字

右

身有名十一條有子

名

右金運三名字是字以名

右文十一年某乙文

名諱

過必反於國子墨子見齊大王曰畢云太平御覽無大字下同蘇云大當讀泰即太公田和也蓋齊僭王號之後亦尊其祖為太王如周之古公云俞云大公者始有國之尊稱故周追王自亶父始而稱大王齊有國自尚父始而稱大公以及吳之大伯晉之大叔皆是也田齊始有國者和也故稱大公猶尚父稱大公也至其後子孫稱王則亦應稱大王矣猶亶父稱大王也因齊大王之稱它書罕見故學者不得其說大平御覽引此文遂刪大字矣案蘇俞說是也據史記田敬仲世家及六國年表田莊子卒於周威烈王十五年子大公和立安王十六年田和始立為諸侯墨子見大王疑當在田和為諸侯之後今有刀於此試之人頭倅然斷之畢云卒字異文作倅讀如倉猝可謂利乎大王曰利子墨子曰多試之人頭倅然斷之可謂利乎大王曰利子墨子曰刀則利矣孰將受其不祥大王曰刀受其利試者受其不祥畢云言持刀之人子墨子曰并國覆軍賊敖百姓畢云舊作敖非太平御覽引作殺案說文云敫古文殺出此今依改正案畢校是也說詳尚賢中篇孰將受其不祥大王俯仰而思之曰我受其不祥魯陽文君將攻鄭子墨子聞而止之謂陽文君曰

墨子魯問

名諱

有淖於前淖泥也。淖乃孝反徐徒較反乃皆左右相違於淖違辟也步毅御晉厲公欒鍼爲右步毅即郤毅彭名御楚共王潘黨爲右石首御鄭成公唐苟爲右欒范以其族夾公行二族強故在公左右。共音恭夾古洽反疏注二族至左右。正義曰劉炫云族者屬也屬謂中軍以中軍夾公耳非謂宗族之兵今知非者杜云二族者順傳之文無明言宗族之事。劉誣杜以爲宗族妄規其過非也陷於淖欒書將載晉侯鍼曰書退國有大任焉得專之在君前故子名其父大任謂元帥之職。焉於虔反疏注國有至專之。正義曰言國有元帥之大任何得專意廢之而爲御也。注在君至其父。正義曰曲禮曰父前子名君前臣名鄭玄云對至尊無大小皆相名以君至尊爲在君前故子名其父且侵官冒也載公爲侵官。冒莫報反徐莫比反失官慢也去將而御失官也離局姦也遠其部曲爲離局。離力志反注同遠于萬反有三罪焉不可犯也乃掀公以出於淖掀舉也。掀徐許言反云捧轂舉之則公掀起也一曰掀引也胡根反一音虛斤反字林云舉出也火氣也又丘近反疏注掀舉也。正義曰說文云掀舉出也公在於淖知掀當訓爲舉也

成十六

名諱

四月甲辰朔日有食之○秋八月戊辰衞侯惡卒元年大夫盟于虢疏衞侯惡卒○正義曰穀梁傳曰鄉曰衞齊惡今曰衞侯惡此何爲君臣同名也君子不奪人名不奪親之所名重其所以來也王父名子也注云不奪人名明臣雖欲改君不當聽也君不聽臣易名者欲使人重父命也父受名于王父王父卒則稱王父之命名之曲禮云卒哭乃諱鄭玄云敬鬼神之名也生者不相辟名衞侯名惡大夫有石惡君臣同名春秋不非謂此事也然則此君卒哭之後臣當辟其諱曲禮云君子已孤不更名當舍名而稱字○注元年大夫盟于虢○正義曰虢會不盟而言盟者令尹圍請讀舊書加于牲上雖不爲載書亦以名告神與盟同也○九月公至自楚○冬十有一月癸未季孫宿卒○十有二月癸亥葬衞襄公

昭七

名諱

養心莫善於誠蓋亦與此孟子同其旨也曾晳嗜羊棗而曾子不忍食羊棗公孫丑問曰膾炙與羊棗孰美羊棗棗名也曾子以

十三經注疏　孟子十四下　盡心下　廿四

父嗜羊棗父沒之後唯念其親不復食羊棗故身不忍食也公孫丑怪之故問羊棗與膾炙孰美也孟子曰膾炙哉言膾炙固美也何比於羊棗公孫丑曰然則曾子何爲

食膾炙而不食羊棗曰膾炙所同也羊棗所獨也諱名不諱姓姓所同也名所獨也孟子言膾炙雖美人所同

名字

石昭先將金壺字子條

趙韋章昭字子錢上聲加子思字子聰子思子條

參昭君六十頁

名諱

自以祖父同名

在蘇州一寓見伯匀請看

謚號

帝無謚作別號——莒渠丘以邑爲號

左成八與渠丘公立于池上疏

名諱

君前臣名

友、成人以朋于嬰齋、、、、

名字

季與子通稱

夫子艮鄭伯弟○尪烏黃反質音致○夏六月晉師救鄭荀林父將中軍代郤缺○將子匠反下及注並同下尹將將左將右皆放此先縠佐之彘季代林父○縠戸木反本又作穀音同彘直例反疏注彘季代林父○正義曰服虔云食采於彘或當然也文十二年河曲之戰荀林父佐中軍臾駢佐上軍欒盾將下軍自衛以來傳無其代知先縠代林父郤克代臾駢趙朔代欒盾也八年傳趙朔佐下軍知欒書代趙朔也案傳文皆稱彘子今注云彘季者勸譜亦以彘子彘季爲一人則杜君別有所據書傳殘缺不可得而知也劉炫云傳文皆稱彘子何以知是彘季以縠非彘季以規杜今知非者杜以子爲男子之稱季是幼小之辭季之與子是得通稱子路或爲季路舉其常稱謂之子論其字謂之季故公子友或稱季友而劉以傳唯稱彘子無彘季而規杜非也士會將上軍河曲之役郤缺將上軍宣八年代趙盾爲政將中軍士會代將上軍

宣十二

諡號

改諡

右宣十改葬出不謚之雲

名及字

古人名字連言者皆先字而後名

左襄十鄹人紇疏

名字

人名用復語

僖廿九年晨向原得於詩人動植治勳

穆提披如

勉秉枝以勳稷名方

名字

人名有諱例

古傳其字僅出賓後世其名之稱不言稱之爲

及後名稱又以號作之諱例

一字名、

大夫卒、而字

八月螽無傳為災○螽音終本亦作蝝○九月公至自會無傳○季姬歸于鄫無傳來寧不書此書者以明中絕○中丁仲反又如字○己卯晦震夷伯之廟夷伯魯大夫展氏之祖父夷謚伯字震者雷電擊之大夫既卒書字○晦音悔疏注夷伯至書字○正義曰公羊穀梁傳皆以晦為冥謂晝日闇冥也杜以長厤推己卯晦九月三十日春秋值朔書朔值晦書晦無義例也傳稱於是展氏有隱慝焉知此夷伯展氏之祖父也大夫之謚多連字稱之不知夷伯其名為何又不知今之展氏其人是誰故漫言祖父耳謚法安人好靜曰夷是夷為謚也伯是其字也說文云震劈歷振物者電陰陽激曜也然則震是劈歷而言雷電擊之者劈歷有聲有光雷電之大者耳故言雷電以明之玉藻云士於君所言大夫沒矣則稱謚若字是大夫既沒禮書其字也○冬

傳書

148○ 名字

臣子既卒不名

十三經注疏

○秋公子友如陳葬原仲原仲陳大夫原氏仲字也禮臣既卒不名故稱字季友違禮會外大夫葬具見其事亦所以知譏○見賢遍反疏注原仲至知譏○正義曰玉藻記云士於君所言大夫沒矣則稱謚若字桓二年穀梁傳曰子既死父不忍稱其名臣既死君不忍稱其名是禮臣卒不名陳人不稱其名故魯史亦書其字

莊廿

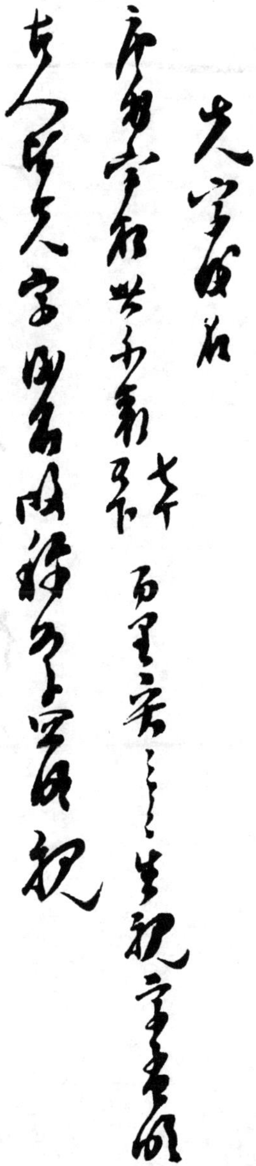

名

一時人稱頌長者皆以[illegible]以年少時為[illegible]卿

史記酈生陸賈傳　徐[illegible]

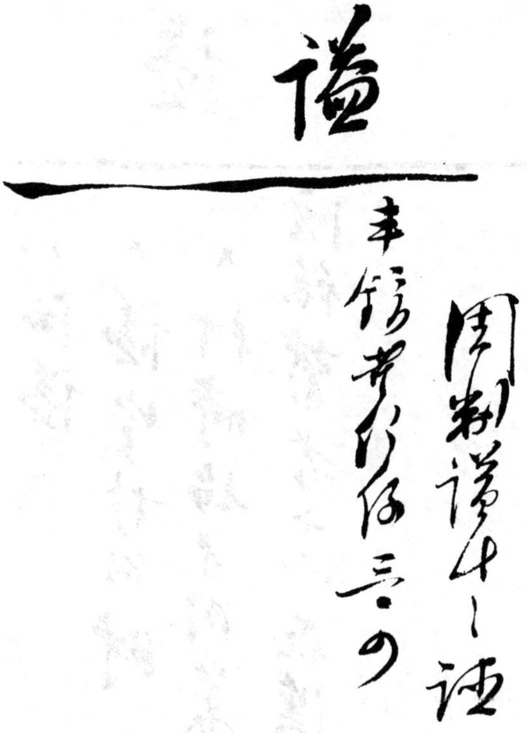

謚

私謚

謚定於何時

何時始有用美謚

陔餘叢考十六 兩漢六朝謚法

名

楚世家

熊通自號爲武王則生時號

○監本作還報楚宋本無楚字今依宋本刪　乃自立爲武王○顧炎武曰乃自立句爲武王句蓋言自立爲王後謚爲武王耳古文簡故連屬言之如管蔡世家楚公子圍弒其王郟敖而自立爲靈王衞世家鄭世家皆云楚公子棄疾弒靈王自立爲平王司馬穰苴傳至常曾孫和因自立爲齊威王又如韓世家晉作六卿而韓厥在一卿之位號爲獻子與此文勢正同劉炫云號爲武武非謚也此說鑿矣項梁立楚懷王孫心爲楚懷王尉佗自立爲南越武帝此後世事爾　十三年辛子熊囏立○臣世駿按

名

此之謂詩家世家，此其有世見，第十人，如右太如文惠

猶也。若其名伯仲叔季，以為號，猶名字之禮，錄

諸以君一名，為叔孫氏名，書狀，稱伊名

殊謂氏族之名，即以名號，名號時，以為

載，正文伯仲叔季，三歲上冠，加伯仲叔季，成於叔

以載，是為加字。此二字以載。

謚

「燕世家」代已之惠侯之釐侯之宣侯之桓
公侯之莊公燕國史微其本謚始乖異」

史記燕召公世家索隱

稱伯三十一年秦師敗于殽二十七年秦穆公卒四十年襄公卒桓公立桓公十六年卒索隱譙周云系家襄伯生宣伯無桓今檢史記並有桓公

立十六年故宋忠據此史稱系家亦有桓公是他所見本異則是[illegible]公也宣公立宣公十五年卒昭公立昭公十三年卒武公立是歲晉滅三郤士晉

武公始都晉國前即位曲沃通年三十八年武公稱者先晉穆侯曾孫也索隱晉有兩穆侯言先以別後曲沃桓叔孫也桓叔者始封

曲沃武公莊伯子也自桓叔初封曲沃以至武公滅晉也凡六十七歲而卒代晉為諸侯武公代晉二歲卒與曲沃通

年即位凡三十九年而卒子獻公詭諸立獻公元年周惠王弟頹攻惠王惠王出奔居鄭之櫟邑索隱櫟鄭邑今河南陽翟是也故鄭之十

之晉侯當是二十一年此作十九年　先晉穆侯曾孫也索隱晉有兩穆侯言先以別後○臣照按三代世表及左氏並無兩穆

侯以別先後索隱不知何據而作此論也然則先者何益起事之辭猶左傳云初也　獻公元年周惠王弟頹攻惠王○左傳周

燕晉

出布

成名

溫內巴哥族名皆規成多涉氏（族緣起）子生則取其一名之

右

「宋武公諱司空為司城」

檀弓陽門介夫注 死 案此知司城子罕之事也

名

武王勝殷殺受立武庚。不放而殺紂自焚也武庚紂子以爲王者後一名祿父。勝商證反父音甫以箕子歸作洪範。歸鎬京箕子作之。範音范鎬胡老反本又作鄗武王所都也疏武王至洪範。正義曰武王伐殷既勝殺受立其子武庚爲殷後以箕子歸鎬京訪以天道箕子爲陳天地之大法敘述其事作洪範此惟當言箕子歸耳乃言殺受立武庚者序自相顧爲文上武成序云武王伐紂故此言勝之下微子之命序云黜殷命殺武庚故此言立之敘言此以順上下也。傳不放至祿父。正義曰放桀也湯放桀此不放而殺之者紂自焚而死也殷本紀云紂兵敗紂走入登鹿臺衣其寶玉衣赴火而死武王遂斬紂頭懸之太白旗是也泰誓云取彼凶殘則志在於殺也死猶斬之則生亦不放傳據實而言之耳本紀云封紂子武庚祿父以續殷祀是以爲王者後也本紀武庚祿父雙言之伏生尚書傳云武王勝殷繼公子祿父是一名祿父也鄭云武庚字祿父春秋之世有齊侯祿父蔡侯考父季孫行父父亦是名未必爲字故傳言一名祿父

求生故云從生處來也然如雜記所言則應每衣三號也○降自西北榮者復者投衣畢而回往西北榮而下也初復是求生故升東榮而上求既不得不忍虛從所求不得之道還故自陰幽而下也不正西而西北者因徹西北扉為便也必徹西北扉者亦用陰殺之所也故鄭注士喪禮云不由前降不以虛反也降因徹西北扉若云此室凶不可居然也○注小臣至堂前○正義曰君以卷謂上公也夫人以屈狄互言耳者男子舉上公婦人舉子男之妻男子舉上以見下婦人

舉下以見上是互言也云升東榮者謂卿大夫士也者以鄉飲酒鄉射是大夫士之禮云設洗當東榮此東榮故知是卿大夫士禮今之兩下屋云天子諸侯言東霤者霤謂東西兩頭為屋簷霤下衆燕禮云設洗當東霤人君殿屋四注燕禮是諸侯禮明天子亦然也

復衣不以衣尸不以斂。不以衣尸謂不以襲也復者庶其生也若以其衣襲斂是用生施死於義相反士喪禮云以衣衣尸浴而去之○衣尸於既反注衣尸同斂力驗反後不出者皆同去起呂反

婦人復不以袡。袡嫁時上服而非事鬼神之衣○袡而廉反婦人嫁時上服

凡復男子稱名婦人稱字。婦人不以名行

唯哭先復復而後行死事。氣絕則哭哭而復復而不蘇可以為死事

疏 復衣不以衣至以斂○正義曰復是求生若用復衣而襲斂是用生施死於義為反故不得將衣襲尸及斂也○婦人復不以袡者袡是嫁時上服乃是婦人之盛服而非是事神之衣故不用招魂也絳襟衣下曰袡○凡復至稱字者自殷以上貴賤復同呼名周則天子稱天子諸侯稱某甫且字矣大夫士稱名而婦人並稱字○唯哭至死事者唯哭先復者氣絕而孝子即哭哭訖乃復故云唯哭先復也復而後行死事者復而後望生復而不生故得行於死事謂正尸於牀及浴襲之屬也

喪礼

誄＝累也，列生平行迹讀之作謚
賤不誄貴幼不誄長唯天子稱天以誄
之諸侯相誄非禮

賤不誄貴幼不誄長禮也誄累也累列生時行迹讀之以作諡諡當由尊者成○誄力水反謂諡也行下孟反諡音示徐又以二反唯天子稱天以誄之以其無尊焉春秋公羊說以為讀誄制諡於南郊若云受之於天然諸侯相誄非禮也禮當言誄於天子也天子乃使大史賜之諡○疏賤不至禮也○正義曰此一節論諡由尊者出之事賤不誄貴誄累也謂賤不得累列貴者之行而為諡幼不得累列長者之行而作諡如此是其禮也所以然者几諡如此是其禮也所以然者凡諡表其實行當由尊者所為若使幼賤者為之則各欲光揚在上之美有乖實事故不為也○唯天子稱天以誄之者諸侯及大夫其上猶有尊者為之作諡其天子則更無尊於天子者故雖為天子作諡之時於南郊告天示若有天命然不敢自尊也○諸侯相誄非禮也者非但賤不誄貴平敵相誄亦為不可故云諸侯相誄非禮也既賤不誄貴按襄十三年左傳楚子囊為共王作諡者春秋亂世不能知禮此不言君臣兄弟而言貴賤長幼者廣包餘人非唯君臣兄弟而已○注以其至南郊○正義曰按鄭之時說公羊者而為此言故引疏

通云天子崩大臣之於南郊稱天以諡之者為人臣子莫不欲褒大其君掩惡揚善故至南郊明不得欺天也○注禮當至之諡○正義曰按白虎通云君薨請諡世子赴告於天子大子唯遣大夫會葬而諡之又檀弓云公叔文子卒其子戌請諡於君曰日月有時將葬矣請所以易其名者大夫當請誄於君則諸侯理當言誄於天子云天子乃使大史賜之諡者按大史職云小喪賜諡鄭云小喪卿大夫也即大夫言賜之諡明諡明諸侯之喪亦然

曾子問

書策其齊斬之喪謂父母喪也父母至親哀容體狀不可名言故經不能載上文云顏色稱其情當須毀瘠也戚容稱其服當須憔悴也孔子曰少連大連善居喪三日不怠三月不解期悲哀三年憂東夷之子也言其生於夷狄而知禮也怠惰也解倦也○少詩召反解佳買反注同期音基惰徒臥反倦其眷反疏孔子至子也○正義曰此明居喪得禮之事○三日不怠者親之初喪三日之內禮不怠謂水漿不入口之屬○三月不解者以其未葬之前朝奠夕奠及哀至則哭之屬○期悲哀者謂練以來常悲哀朝哭夕哭之屬○三年憂者以服未除憔悴憂戚○三年之喪言而不語對而不問廬堊室之中不與人坐焉在堊室之中非時見乎母也不入門言言己事也為人說為語在堊室之中以時事見乎母乃後入門則居廬時不入門○堊烏各反字亦作惡同見賢遍反注同疏衰皆居堊室不廬廬嚴者也言廬哀敬之處非有其實則不居疏三年至入門○正義曰皇氏云上云少連大連及此經云三年之喪并下疏衰之等皆是總結上文敬為上哀次之及顏色稱其情戚容稱其服今按別稱孔子是時之語不連子貢之問此三年之喪以下自是記者之言非孔子之語前文顏色稱其情謂據父母之喪此下文疏衰謂期親以下何得將此結上顏色稱其情皇說非也○三年之喪言而不語者謂大夫士言而後事行者故得言己事不得為人語說也○對而不問者謂有問者得對而不得自問於人此謂與有服之親者行事之時若與賓客疏遠者言則間傳云斬衰唯而不對齊衰對而不言是也○廬堊室之中不與人坐者按喪大記云練居堊室不與人居居即坐也與此同○妻視叔父母姑姊妹視兄弟長中下殤視成人視猶比也所比者哀容居處也○長丁丈反疏妻視至成人○正義曰此一經明此等之親服雖有異其哀戚輕重各視所正之親妻居廬而杖抑之視叔父母姑姊妹出適服輕進之視兄弟長中下殤服輕上從本親視其成人也○親喪外除日月已竟而哀未忘兄弟之喪內除日月未竟而哀已殺○已殺已或作以殺色界反徐所例反疏親喪至內除○正義曰親喪外除者謂父母之喪外謂服也服猶外隨日月漸除而深心哀未忘○兄弟之喪內除者兄弟謂期服以下及小功緦也內心也服制未釋而心哀先殺由輕故也○視君之母與妻比之兄弟發諸顏色者亦不飲食也言小君服輕亦內除也發於顏色謂醲美酒食使人醉飽○醲女龍反疏視君至食也○正義曰視君之母與妻者視比也謂比視君之母與君之妻輕重之宜比於已之兄弟○發諸顏色者亦不飲食也者若其酒食不發見於顏色者則得飲食之若發見於顏色者亦不得飲食也○免喪之外行於道路見似目瞿聞名心瞿弔死而問疾顏色戚容必有以異於人也如此而后可以服三年之喪其餘則直道而行之是也惻隱之心能如是則其餘齊衰以下直道而行盡自得也似謂容貌似其父母也名與親同○瞿九遇反下同疏免喪至是也○正義曰見似目瞿者謂既除喪之後若見他人形狀似於其親則目瞿然○聞名心瞿者聞他人所稱名與父名同則心中瞿瞿然上云目瞿此應云耳瞿而云心瞿者但耳狀難明因心至重惻隱之慘本瞿於心故直云心瞿○必有以異於人也者謂免喪之後弔死問疾其顏色戚容必有殊異於無喪之人餘行皆應如此獨云弔死問疾者以弔死問疾是哀痛之處身又除喪戚容應甚故舉弔死問疾言也○其餘則直道而行之是也者其餘謂期親以下也則直依喪之道理而行之於義是也父在為母雖期年亦從上三年之

館于外杜預云不稱字以王爲尊是也言雖則王姬亦下嫁於諸侯者以諸侯之女嫁於諸侯是其常令雖則王姬之尊亦下嫁於諸侯亦謂諸侯主也然土無二王王姬必當嫁於諸侯言雖則者欲美其能執婦道故言雖則爲屈尊之辭言下嫁於諸侯雖嫁於王者之後亦是也禮記注云周女因魯嫁卒服之如內女天子爲之無服嫁於王者之後乃服之則王姬嫁於王者之後似非下嫁言王姬必下嫁者必二王之後通天三統自行正朔有與天子敵義其實列土諸侯不得純敵天子亦爲下嫁也因姑姊妹女子有恩二王後有敵義故服之非實敵也若二王之後嫁女於諸侯爵雖尊非下嫁也故魯之孝惠娶於商及宋人來媵皆無異於諸侯也然得行禮樂唯祭爲然也此王姬體王之尊故下王后一等不繫夫之尊卑雖二王後之夫人得與王后同亦降一等不繫於夫也此時齊侯子未爲諸侯若爲諸侯其夫人車服自當下王后一等要本王姬車服不爲繫於夫也天子尊無二上故其女可下王后一等若諸侯之女下嫁則各從夫之爵不得下其母一等也何休云天子嫁女於諸侯備姪娣如諸侯禮義不可以天子之尊絕人繼嗣之路皇甫謐云武王五男二女元女妻胡公王姬宜爲媵今何得適齊侯之子何休事無所出未可據信也或以尊故命同族爲媵○箋下王后至褕翟○正義曰王后五路重翟爲上厭翟次之六服褘衣爲上褕翟次之今言下王后一等故知車乘厭翟服則褕翟也巾車職云王后之五路重翟錫面朱總厭翟勒面繢總安車彫面鷖總皆有容蓋注云重翟重翟雉之羽也厭翟次其羽使相迫也勒面謂以如玉龍勒之韋爲當面飾也彫者畫之不龍其韋安車坐乘車凡婦人車皆坐乘鄭司農云錫馬面錫也鷖總者青黑色以繒爲之總著馬勒直兩耳與兩鑣容謂幨車山東謂之裳幃或曰潼容玄謂朱總繢總其施之如鷖總車衡輨亦宜有焉繢畫文也蓋如今小車蓋也皆有容有蓋則重翟厭翟謂蔽也重翟后從王祭祀所乘厭翟后從王賓饗諸侯所乘安車無蔽后朝見於王所乘謂去飾也詩國風碩人曰翟蔽以朝謂諸侯夫人始來乘翟蔽之車以朝見於君以盛之也此翟蔽蓋厭翟也然則王后始來乘重翟矣巾車又云翟車貝面組總有握輦車組輓有翣羽蓋注云翟車以出桑輦車宮中所乘此王后五等車所用也其諸侯之夫人始嫁及常乘之車則無文說者各爲其見崔靈恩以爲二王之後夫人各乘本國先王之上車魯之夫人乘重翟知者以魯夫人服褘衣與王后同故知車亦同也其同姓異姓侯伯夫人皆乘厭翟子男夫人乘翟車所用助祭饗賓朝見各依差次其初嫁之時侯伯以下夫人所乘車皆上攝一等知者以士妻乘墨車上攝大夫之車故也崔又一解云諸侯夫人初嫁不得上攝以其逼王后故也卿大夫之妻得上攝一等案鄭注巾車引詩翟茀以朝謂厭翟也衛是侯爵故厭翟崔氏後解與鄭注同旣不上攝鄭注巾車云乘翟茀之車以盛之者以乘祭祀之車故言盛也二劉以五等諸侯夫人初嫁皆乘厭翟與鄭不合其三公之妻與子男同其孤妻夏篆卿妻夏縵大夫墨車士乘棧車初嫁皆上攝一等始嫁其嫁之衣皆以祭服加以纁袡約士昏禮女次純衣纁袡故也其諸侯夫人用自祭之服卿大夫之妻用助祭之服此序以經有王姬之車故因言車服謂嫁時之車服耳若其在國則繫於其夫各從其爵也

何彼襛矣華如桃李平王之孫齊侯之子平正也武王女文王孫適齊侯之子箋云華如桃李者興王姬與齊侯之子顏色俱盛正王者德能正天下之王

【疏】何彼至之子○正義曰言何乎彼戎戎者其華之色如桃李華也以興王姬顏色之盛與齊侯之子誰能有此顏色者是平王之孫與齊侯之子耳上章言唐棣之華此章不言木名直言華如桃李則唐棣之華如桃李之華也以王姬顏色如齊侯之子顏色故舉二木也箋云華如桃李者興王姬與齊侯之子顏色俱盛是以華比華然後爲興○傳平正也箋正者德能正天下之王○正義曰此文王也文者謚之正名也稱之則隨德不一故以德能正天下則稱平王鄭志張逸問箋云德能正天下之王然則不必要文王也荅曰德能平正天下則稱爲平故以號文王焉文大誥注受命曰寧王承平曰平王故君奭云割申勸寧王之德是文王也又洛誥云平來毖殷乃命寧卽云予以秬鬯二卣曰明禋文王騂牛一武王騂牛一既乃命寧兼文武矣故注云周公謂文王爲寧王成王亦謂武王爲寧王此一名二人兼之武王亦受命故亦稱寧王理亦得稱平王但無文耳

其釣維何維絲伊緡

名

十有四年春王正月莒子朱卒徐邈曰傳稱莒雖夷狄猶中國也言莒本中國末世衰弱遂行夷禮葬皆稱謚而莒稱無謚謚以公配而與楚稱王所以終春秋亦不得書葬疏莒子朱卒○釋曰莒子朱者莒渠丘公今不書葬者莒行夷禮則是失德又葬須稱謚莒夷無謚故不書葬也不日卒者何休云入春秋以來至此始書卒故畧之不日或當既行夷禮不得同中國故不日或當非正卒無文可明之○夏

穀以下

莒夷

齊日

冬楚

傳二十六年春王正月公會莒茲丕公茲丕時君之號莒夷無謚以號爲稱○丕普悲反稱尺證反○甯莊子盟于向尋洮之盟也洮盟在前年○○齊師侵我西鄙討是二盟也

生

衞一四

莒夷

〇莒紀公子生大子僕又生季佗愛季佗而黜僕且多行無禮於國（紀號也莒夷無謚故有別號○佗徒何反）僕因國人以弒紀公以其寶玉來奔納諸宣公公命與之邑曰今日必授季文子使司寇出諸竟曰今日必達（未見公而文子出之故來不書○竟音境）文十八

甲稿

名氏

（先名後氏）

十三經諸名同互語亥唐當作唐亥唐棣華之說甚確蓋古書中於古人名氏每有錯誤而古書孟子衍一書字作季任季例為季任之類　思勉案或古人亦有先名後氏之例邪今西人八

6

名經礼

陰陽童　庶殤——如某甫
宗子之殤——如某甫異

有父母之喪尚功衰而附兄弟之殤則練冠附於殤稱陽童某甫不名神

也此兄弟之殤謂大功親以下之殤也斬衰齊衰之喪練皆受以大功之衰此謂之功衰以是時而祔大功親以下之殤大功親以下之殤輕不易服冠而兄爲殤謂同年者也兄十九而死已明年因喪而冠陽童謂庶殤也宗子則曰陰童童未成人之稱也某甫且字也尊神不名爲之造字○衰七雷反冠古亂反稱尺證反

疏

祔父至神也○正義曰此一經明已有父母之喪既練之後得祔兄弟小功之殤尚功衰者衰謂三年練後之衰升數與大功同故云功衰今已有父母之喪猶尚身著功衰今兄弟有殤在小功者當須祔祭故云而祔兄弟之殤則練冠祔於殤者小功以下既輕不合改練時之服則身著練冠祔祭於殤○稱陽童某甫不名神也者當祔祭此殤之時其祝辭稱此殤曰陽童又稱此殤曰某甫所以不呼其名者尊神之也故爲之造字稱曰某甫且字也○注此兄至造字○正義曰知大功親以下之殤也者若大功正服則變三年之練此著練冠故知大功親以下之殤若成人合服之大功其若長殤小功若成人小功親其長殤則緦麻皆得著此三年練冠爲之祔祭故云大功親以下之殤言以下兼小功也已是祖之適孫若祔大功兄弟長殤得在祖廟若祔小功兄弟長殤則是祖之兄弟之後所以得祔者已是曾祖之適共小功兄弟同曾祖今小功兄弟當祔於從祖之廟其小功兄弟身及父是庶人不合立祖廟則曾祖適孫爲之立壇祔小功兄弟之長殤於從祖立神而祭也皇氏云小功兄弟爲士從祖爲大夫士不可祔於大夫當祔於大功親以下從祖爲士故祔小功兄弟長殤於已祖廟義亦得通云大功親以下之殤輕不易服者按服問大功殤長中變三年之葛得易首絰要帶不得易服故此祔祭者練冠也此注諸本或誤云大功親之下殤故諸儒等難鄭云既是下殤何得有弟冠范宣子庾蔚等云下殤者傳寫之誤非鄭拏也云冠而兄爲殤謂同年者也者此鄭自難云弟冠而兄得爲殤者謂弟與兄同年十九也云兄十九而死已明年因喪而冠者此新死之兄既是小功之服不合變三年之練而得有因喪冠者謂已明年之初用父母喪之練節而加冠以後始祔兄弟也云陽童謂庶殤也宗子則曰陰童童未成人之稱也者曾子問庶子之殤祭於室白故曰陽童宗子殤死祭於室奧則曰陰童云某甫且字也者檀弓云五十以伯仲是正字二十之時曰某甫是且字言且爲之立字云尊神不名爲之造字者以字者冠時所有此兄去年已死未得有字雖云某甫是死後祔時爲之造字必造字者以神道事之可謂名是也

名

惟復呼名

喪故名表字礼

子蒲卒哭者呼滅滅蓋子蒲名子皐曰若是野哉非之也唯復呼名子皐孔子弟子高柴○皐音高哭者改之疏子蒲至改之○正義曰此一節論哭者呼名非禮之事滅子蒲名子蒲卒哭者呼其名故子皐曰若是野哉野不達禮也雖復呼名冀其聞名而反哭則敬鬼神不復呼其名而此家哭獨呼滅子皐深譏之故云野哉也非之乃改也○杜橋之母之喪宮中無相以爲沽也沽猶略也○相息亮反沽音古疏杜橋至沽也○

檀弓上

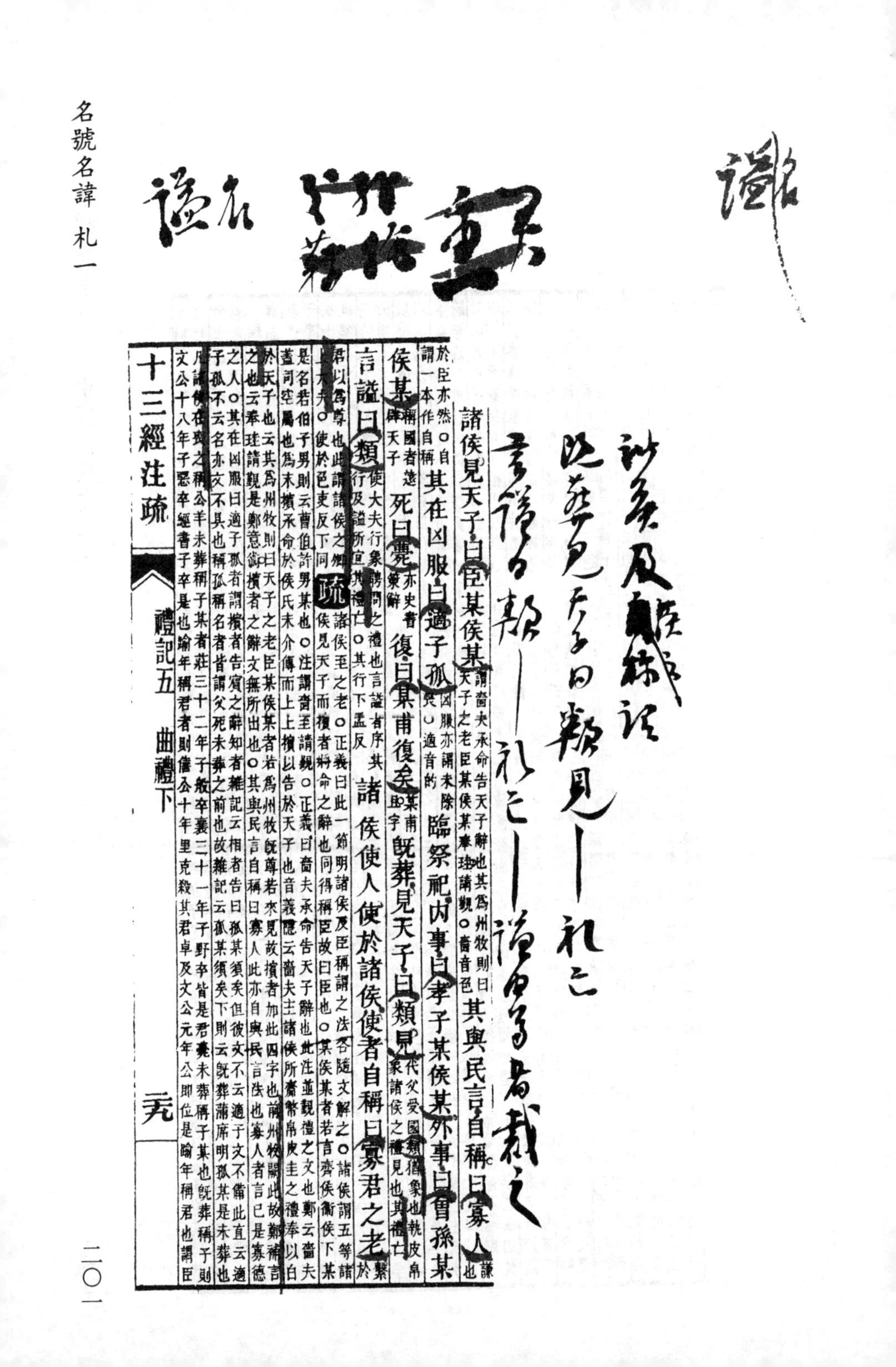

諸侯見天子曰臣某侯某謂嗇夫承命告天子辭也其為州牧則曰天子之老臣某侯某奉珪請覲○嗇音邑其與民言自稱曰寡人謙也於臣亦然○自謂一本作自稱其在凶服曰適子孤凶服亦謂未除喪○適音的臨祭祀內事曰孝子某侯某外事曰曾孫某侯某稱國者遠辟天子死曰薨亦史書策辭復曰某甫復矣某甫且字既葬見天子曰類見代父受國類猶象也執皮帛象諸侯之禮見也其禮亡言謚曰類使大夫行象聘問之禮也言謚者序其行及謚所宜其禮亡○其行下孟反諸侯使人使於諸侯使者自稱曰寡君之老繫於君以為尊也此謂諸侯之卿上大夫○使於色吏反下同

疏 諸侯至之老○正義曰此一節明諸侯及臣稱謂之法各隨文解之○諸侯謂五等諸侯見天子而擯者將命之辭也同得稱臣故曰臣也○某侯某者若言齊侯衛侯下某是名若伯子男則云曹伯許男某也○注謂嗇至請覲○正義曰嗇夫承命告天子辭也此注並覲禮之文也鄭云嗇夫蓋司空屬也為末擯承命於侯氏末介傳而上上擯以告於天子也音義隱云嗇夫主諸侯所齎幣帛皮圭之禮奉以白於天子也云其為州牧則曰天子之老臣某侯某者若為州牧既尊若來見故擯者加此四字也前州牧闕此故鄭補言之也云奉珪請覲是鄭意御擯者之辭文無所出也○其與民言自稱曰寡人此亦自與民言法也寡人者言已是寡德之人○其在凶服曰適子孤者謂擯者告賓之辭知者雜記云相者告曰孤某須矣但彼文不云適子文不備此直云適子孤不云名亦文不具也稱孤稱名者皆謂父死未葬之前也故雜記云孤某須矣下則云既葬蒲席明孤某是未葬也凡諸侯在喪之稱公羊未葬稱子某者莊三十二年子般卒襄三十一年子野卒皆是君薨未葬稱子某也既葬稱子則文公十八年子惡卒經書子卒是也踰年稱君者則僖公十年里克殺其君卓及文公元年公即位是踰年稱君也謂臣

十三經注疏　禮記五　曲禮下　兲

子稱君也若其君自稱猶曰子故公羊傳文九年諸侯於其封内三年稱子是也案昭十一年楚滅蔡執世子有其時蔡
君已死其子仍稱世子者何休云稱世子者不許楚之滅蔡也猶若君存然故猶稱世子六十四年九月齊商人弑其君
舍舍爲君○商人之弑也襄二十九年吳子使季札來聘先君未踰年吳稱子者賢季子故録之桓十一年鄭忽出奔衛先
君既葬而尚稱名者公羊云何以名伯子男一也辭無所貶何休云直以喪降稱名無餘罪致貶凡以王事出會未踰年
皆稱子僖九年會於葵丘宋襄公稱子僖二十八年會於踐土陳共公稱子定四年會召陵陳懷公稱子皆未踰年會王
事而稱子也若未踰年非王事而稱爵者皆譏耳成四年鄭伯伐許是也從上以來皆公羊之義也其左氏之義君薨未
葬未行即位之禮前稱子某子般子野是也其出會諸侯未葬之前稱子故僖九年左氏傳云凡在喪王曰小童公侯曰
子葵丘之會宋襄公稱子踐土之會陳共公稱子是也葬雖未踰年則稱君則晉里克弑其君卓齊商人弑其君舍是也
文十八年子惡卒先君葬後稱子者杜預云時史畏襄仲不敢稱君故云子也其王事出會則稱爵成四年鄭伯伐許是
也案桓十三年經書衛惠公稱侯成十三年經書宋公衛侯此並先君未葬而稱爵者賈服注譏其不稱子杜預云非禮
也僖二十五年會衛子莒慶盟於洮時先君已葬衛成公猶稱子者杜預云善其成父之志故上繫於父而稱子服虔亦
云明不失子道成十年晉侯伐鄭時厲公父景公未葬而厲公出會稱爵譏其生代父位不子也此皆左氏之義公羊
以奚齊僖九年死卓子十年死以卓子踰年故稱君左氏卓子亦九年死但赴告在十年以葬後故稱君左氏公羊二傳
不同也公羊以成四年鄭伯伐許非王事未踰年而稱爵譏之也左氏則以鄭伯伐許爲王事雖未踰年得稱爵當與公
羊異鄭駁異義從公羊義以鄭伯伐許爲非禮及公羊未踰年爲王事皆稱子即宋襄公稱子陳共公稱子是也左氏未
踰年爲王事皆稱爵鄭駁異義引宋襄公稱子從公羊説以爲稱子禮也○外事曰會孫某侯某○外事謂社稷山川在
封内者也天子外事言嗣王某諸侯不得稱嗣侯但稱曾孫所以然者天子尊謂能繼天德而立也諸侯無德不繼嗣爲
侯故不云嗣但是父祖重孫故言曾孫也○死曰薨者此謂諸侯死而國史策辭也若異國史書之則但云卒也在四夷
不言亦賤略也自此以下皆然○注亦史書策辭○正義曰上又云天王崩書策辭今諸侯云薨故亦史策辭若告於諸
侯則辭當謙退故雜記云赴於諸侯曰寡君不禄○復曰某甫復矣天子復則曰天子諸侯不可復云諸侯復故呼其字
言某甫故鄭注前文諸侯呼字是也○既葬見天子曰類見○此諸侯世子父死葬畢而見於天子禮也類象也言葬後
未執玉而執皮帛以象諸侯見故曰類見然春秋之義三年除喪之後乃見而今云既葬者謂天子或巡守至竟故得見
也若未葬未正君臣故雖天子巡守亦不見也○言謚曰類○言謚謂將葬就君請謚也凡謚既是表德故由尊者所裁
故將葬之前親使人請之於天子若檀弓云其子戌請謚於君曰日月有時將葬矣請所以易其名者是言謚於君也而
曰類者王肅云諸謚於天子必以其實爲謚類於平生之行也何胤云類其德而稱之如經天緯地曰文也鄭云使大夫
行象聘問之禮也今案鄭旨謂吉時遣大夫行則曰聘今請謚使大夫不得曰聘而名曰類言類象聘而行此禮也故云
言謚曰類也○注使大至禮亡○正義曰言象聘問之禮者解經中類字言比類聘問之禮請謚於天子○諸侯至之老
象○玉藻云上大夫曰下臣擯者曰寡君之老下大夫自名擯者曰寡大夫此云自稱曰寡君之老則上大夫擯者傳辭及
自稱於他國亦曰寡君之老
若於己君則玉藻云下臣某

名

心戴（三）84

名

謚

周書謚法解「惟周公旦太公望開嗣王業攻於牧野之中終葬乃制謚敘法謚者行之迹也號者功之表也車服位之章也是以大行受大名細行受小名行出於己名生於人」

序周公肇制文王之謚又以垂於後作謚法」

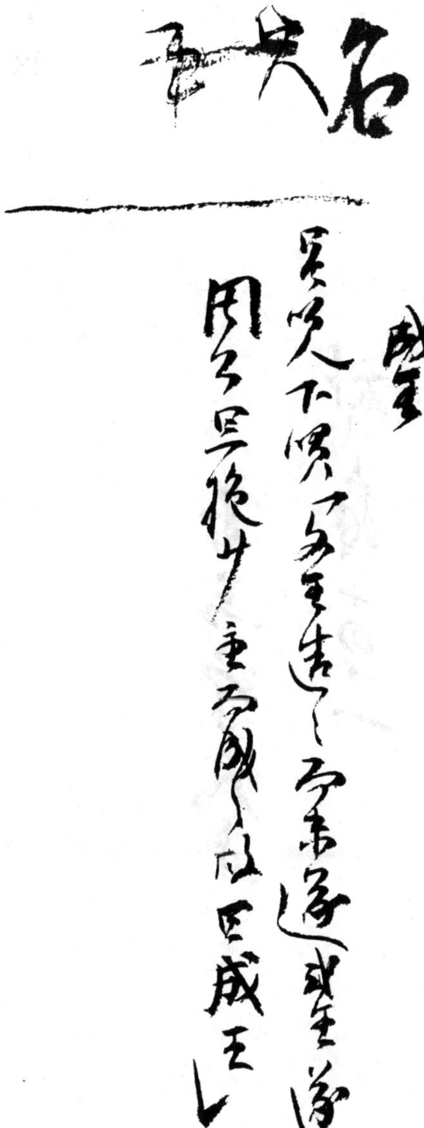

名

名與字夫子

札録 十四之一

名

堯以上諡舜以下名

風俗通五帝三王

名

無大夫冠禮而有其昬禮古者五十而后爵何大夫冠

禮之有據時有未冠而命爲大夫者周之初禮年未五十而有賢才者試以大夫之事猶服士服行士禮二十而冠急成人也五十乃爵重官人也大夫或時改取有昬禮是也【疏】無大至之有○釋曰此經所陳欲見無大夫冠禮之事有大夫冠禮記者非之○注據時至是也○釋曰鄭云據時有未冠而命爲大夫者言周末作記之時有二十已前未加冠而命爲大夫者記非之也云周之初禮年未五十而有賢才者試以大夫之事猶服士服行士禮者鄭解古者五十而後爵何大夫冠禮之有是古者未有周大夫有冠禮故非之此鄭云未五十則二十已士或有未二十有賢才亦得試爲大夫者故喪服殤小功章云大夫爲昆弟之長殤鄭云大夫爲昆弟之長殤小功謂士若不仕以此知爲大夫無殤服言爲大夫無殤服謂兄殤在小功則兄十九已下死大夫則十九已下既爲兄殤服已爲大夫則早冠矣大夫冠而不爲殤殤故也雖早冠亦行士禮而冠是大夫無冠禮也云二十而冠急成人也五十乃爵重官人也者解試爲大夫二十則其爵命要待五十意也云大夫或時改娶有昬禮者釋經而有其昬禮以其三十而取五十乃命爲大夫則昬時猶爲士何得有大夫昬禮乎五十已後容改娶故有大夫昬禮也若然案下文古者生無爵鄭云古謂殷此經以古爲周初者下云古者生無爵對周時士生有爵故知古者生無爵據殷也今此云古者以周末時大夫冠對周初時無若以古者爲殷時則周家有大夫冠禮何得言周末始有乎明古者據初而言也

公侯之有冠禮也夏之末造也造作也自夏初以上諸侯雖父死子繼年未滿五十者亦服士服行士禮五十乃命也至其衰末上下相亂篡殺所由生故作公侯冠禮以正君臣也坊記曰君不與同姓同車與異姓同車不同服示民不嫌也以此坊民民猶得同姓以殺其君也【疏】公侯至造也○注造作至君者○釋曰記人言此者欲見夏初已上雖諸侯之貴未有諸侯冠禮猶依士禮故記之於士冠篇末也云自夏初以上者以經云公侯之有冠禮夏之末造明夏初未有言以上者夏以前唐虞之等亦未有諸侯冠禮也未滿五十者亦服士服行士禮五十乃命也者既云服士服行士禮亦如上文五十而後爵何公侯冠禮之有以其與大夫同未五十服行士禮也云至其衰末上下相亂至以正君臣也者解經夏之末造公侯冠禮也引坊記者欲見夏末以後制諸侯冠禮以防諸侯相篡弒之事也云同車者謂參乘爲車右及御者也云不同服者案玉藻云君之右虎裘厥左狼裘又云僕右恒朝服君則各以時事服是不同服此謂非在軍時若在軍時君臣同服韋弁服也

天子之元子猶士也天下無生而貴者也元子世子也無生而貴皆由下升【疏】天子至者也○注元子至下升○釋曰此記者見天子元子冠時亦依士冠禮故於此兼記之也天子之元子雖四加與十二而冠其行事猶依士禮故云猶士也元子尚不得生而貴則天下之人亦無生而貴者也云無生而貴皆由下升者天子元子冠時行士禮後繼世爲天子是由下升自餘天下之人從微至著皆由下升也

繼世以立諸侯象賢也象法也爲子孫能法先祖之賢故使之繼世也【疏】繼世至賢也○釋曰記此者欲見上言天子之子冠行士禮此諸侯之子冠亦行士禮以其士之子恒爲士有繼世之義諸侯之子亦繼世象父祖之賢雖繼世象賢亦無生而貴者行士冠禮故記之於此也云能法先祖之賢者凡諸侯出封皆由有德若周禮典命云三公八命其卿六命大夫四命及其出封皆加一等出爲五等諸侯即爲始封之君是其賢也於後子孫繼立者皆不毀始祖之廟是象先祖之賢也

以官爵人德之殺也殺猶衰也德大者爵以大官德小者爵以小官

疏以官至殺也○注殺猶至小官○釋曰記人記此者欲見仕者從士至大夫而冠無大夫冠禮者也云以官爵人者以用也謂用官爵命於人也云德之殺也者殺衰也以德大小爲衰殺故鄭云德大者爵以大官德小者爵以小官官者管領爲名爵者位亦高下之稱也

死而謚今也古者生無爵死無謚今謂周衰記之時也古謂殷殷士生不爲爵死不爲謚周制以士爲爵死猶不爲謚耳下大夫也今記之時士死則謚之非也謚之由魯莊公始也

疏死而至無謚○注今謂至始也○釋曰記人記此者欲見自上所陳冠禮以士爲本者由無生而貴皆從士賤者而升也云死而謚今也者據士生時雖有爵所不合有謚若死而謚之正謂今周衰之時也云古者生無爵死無謚者古謂殷以前夏之時士生無爵死無謚是士賤今古皆不合有謚也鄭云今謂周衰記之時也者以記者自云今也明還據周衰記之時案禮運云孔子曰我觀周道幽厲傷之是周衰也自此已後始有作記故云周衰記之時也云古謂殷者周時士有爵故知古謂殷云殷士生不爲爵死不爲謚者對周士生有爵死猶不謚也云周制以士爲爵死猶不謚耳下大夫也者案周禮掌客職云羣介行人宰史以其爵等爲之牢禮之陳數鄭注云以命數則參差難等畧於臣用爵而已羣介行人皆士故知周士有爵雖有爵死猶不謚卿大夫已上則有謚也云今記之時士死則謚之非也者解經死而謚今也云謚之由魯莊公始也者案禮記檀弓云魯莊公及宋人戰于乘丘縣賁父御卜國爲右馬驚敗績公墜佐車授綏公曰末之卜也縣賁父曰他日不敗績而今敗績是無勇也遂死之圉人浴馬有流矢在白肉公曰非其罪也遂誄之士之有誄自魯莊公始也若然作記前莊公誄士至記時亦行之故此禮云死而謚今也故鄭云今謂周衰之時也案郊特牲云死而謚今也古者生無爵死無謚鄭注云古謂殷以前也大夫以上乃謂之爵死有謚也以此而言則殷大夫以上死有謚而檀弓云幼名冠字五十伯仲死謚周道也者殷已前皆因生號爲謚若堯舜禹湯之屬是也因生號以謚故不得謚名周禮死則別爲謚故云死謚周道也

士冠礼记（校注）

無大夫冠禮而有其昏禮古者五十而后爵何大夫冠禮之有言年五十乃爵爲大夫也其有昏禮或改取也諸侯之有冠禮夏之末造也言夏初以上諸侯雖有幼而即位者猶以士禮冠之亦五十乃爵命也至其衰末未成人者多見篡弒乃更即位則爵命之以正君臣而有諸侯之冠禮○篡初患反弒音試天子之元子士也天下無生而貴者也儲君副主猶云士也明人有賢行著德乃得貴也○行下孟反下德行同繼世以立諸侯象賢也賢者子孫恒能法其先父德行以官爵人德之殺也言德益厚官益尊也死而謚今也古者生無爵死無謚古謂殷以前也大夫以上乃謂之爵死有謚也周制爵及命士雖及之猶不謚耳今記時死則謚之非禮也○

○無大至之有○前所明悉士禮故無大夫冠禮也所以然者二十而冠五十爵爲大夫故無大夫冠禮也然四十強而仕亦應無士冠禮而云士有冠禮者士是有識之目故立禮悉用士爲正所以五等並依士禮冠子也若試爲大夫者亦用士禮故鄭注冠禮記云周之初禮年未五十而有賢才者試以大夫之事猶服士服行士禮○而有其昏禮者言有大夫昏禮也然禮三十而昏五十乃爲大夫亦應無大夫昏禮而云有者是改取也○古者五十而后爵何大夫冠禮之有者記者覆解無大夫冠禮所由也○注言夏至冠禮○正義曰諸侯雖有幼而即位者猶以士禮冠之

知用士禮者以儀禮冠禮是士之正禮於冠禮之末云公侯之有冠禮夏之末造也者明夏初以前諸侯未有冠禮與士冠同其夏末以來諸侯有冠禮與士禮異故大戴禮有公冠篇加玄冕爲四加也皇氏云諸侯亦三加與大戴禮違其義非也此經直明諸侯不云天子又不云天子之元子猶與士同則天子與士異也然則天子冠禮其來已久但無文以言之玉藻云玄冠朱組纓天子之冠也鄭注云始冠之冠也是天子別有冠禮。注儲君至貴也。正義曰此文繫冠禮之下皇氏云天子元子唯冠同於士其餘則與士不同也故喪服諸侯之兄弟得行大夫之禮也。繼世以立諸侯象賢也者。此釋夏末以來有諸侯冠禮之意也。以官爵人德之殺也者。此明所以無大夫冠義也言官爵之授隨德隆殺也大夫以上雖以德授爵猶無冠禮兼明士又德薄而無爵也。死而至無謚。此一經明士禮此是士冠禮記之文也以士爲主故此論士死而加謚是爲記之時加謚故云今也。古者生無爵死無謚者古謂殷以前士生時無爵謂爵不及也死時無謚謂不制謚也。注周制至謚耳。正義曰按典命云小國之君其卿三命其大夫再命其士一命士既有命命即爵也故知爵及命士猶不謚者檀弓云士之有誄自此始也既從縣賁父卜國爲始明以前無誄也無誄即無謚也

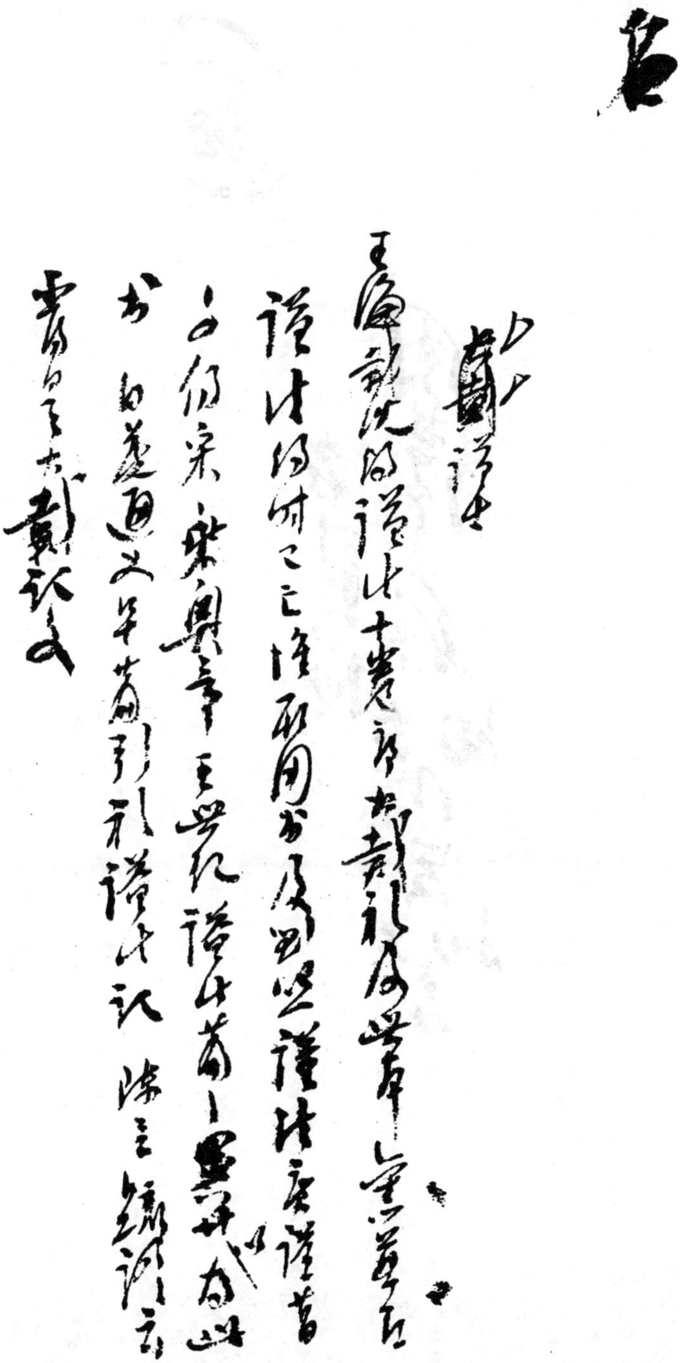

名諱

以字避 汁黯之名 耶 稱只耶 後七十世稱傳（卷七上）
晉休明曰胄作名字 遠射字名字不相犯（卷三十四）

以難諱更名 詢諱 在令前者赦之 漢書宣紀（八卷）元康二年
之聞羣諱字者將相避 令相長持諱以下到秦皇以后 韋本名稱（四卷）

漢書景武昭宣元成功臣表 開陵侯建成 以故東粵
建成侯與繇王斬餘善侯 師古曰 表自此人名敖 建
城乃東粵舊縣

實山亞夫 壁壘作謹主以半耳 壽以兄文子名橈 左傳
相號相（漢本傳 五十一下）則論相似人名

以甲乙代人名 見漢書石奮傳 又韓安國傳 獄吏田甲
韓安國（五二上）陳湯傳田甲（五十下上）蘇建傳閉趙 王子中淮陰 日知錄已辨之

謚之并武與廣地曰景桓侯（漢衛青傳 五五上）

慕藺相如之爲更名相如（漢五七上上）

名諱二

漢孔光傳：孔子生伯魚鯉。師古曰：先言其字，次孔氏自為譜諜，而名其先也（八一下）

王莽稱宰衡時，郡吏毋得與其同名（九九上9上）

漢書敘傳：叔皮唯聖人（之道）然後盡心焉。注家曰：闕不到（?）

言其諱學其字乎（百上7下）

又子然憚悅激審播嫂（?），師古曰：寅（?）嫂字並以加之

其子是嘉播以猶自身也（百下6上）

道安字而以為不敬（後七）子馬朗傳（十七9上）又見曹叔（?）傳（卌三9上）杜不平時昭時結字寅八下近

六后米陵為者郭象郡將軍名其字（後十六下序傳華6上）

以己名為人（吳志七・3下）

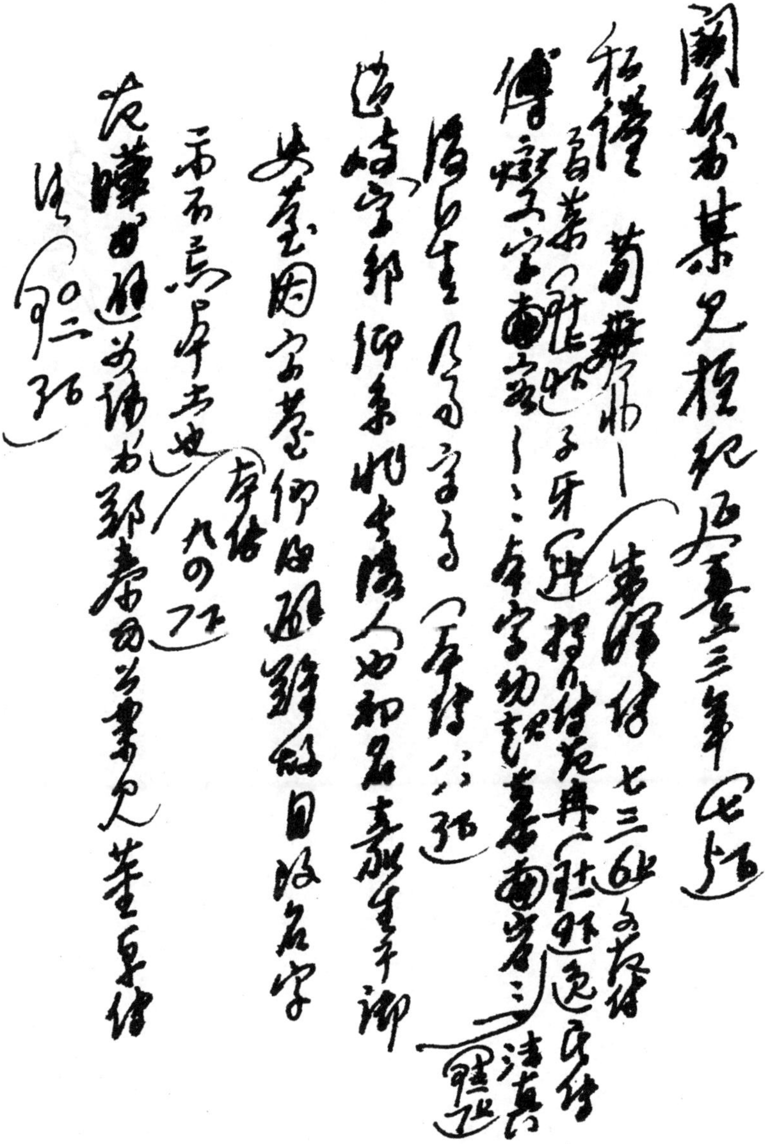

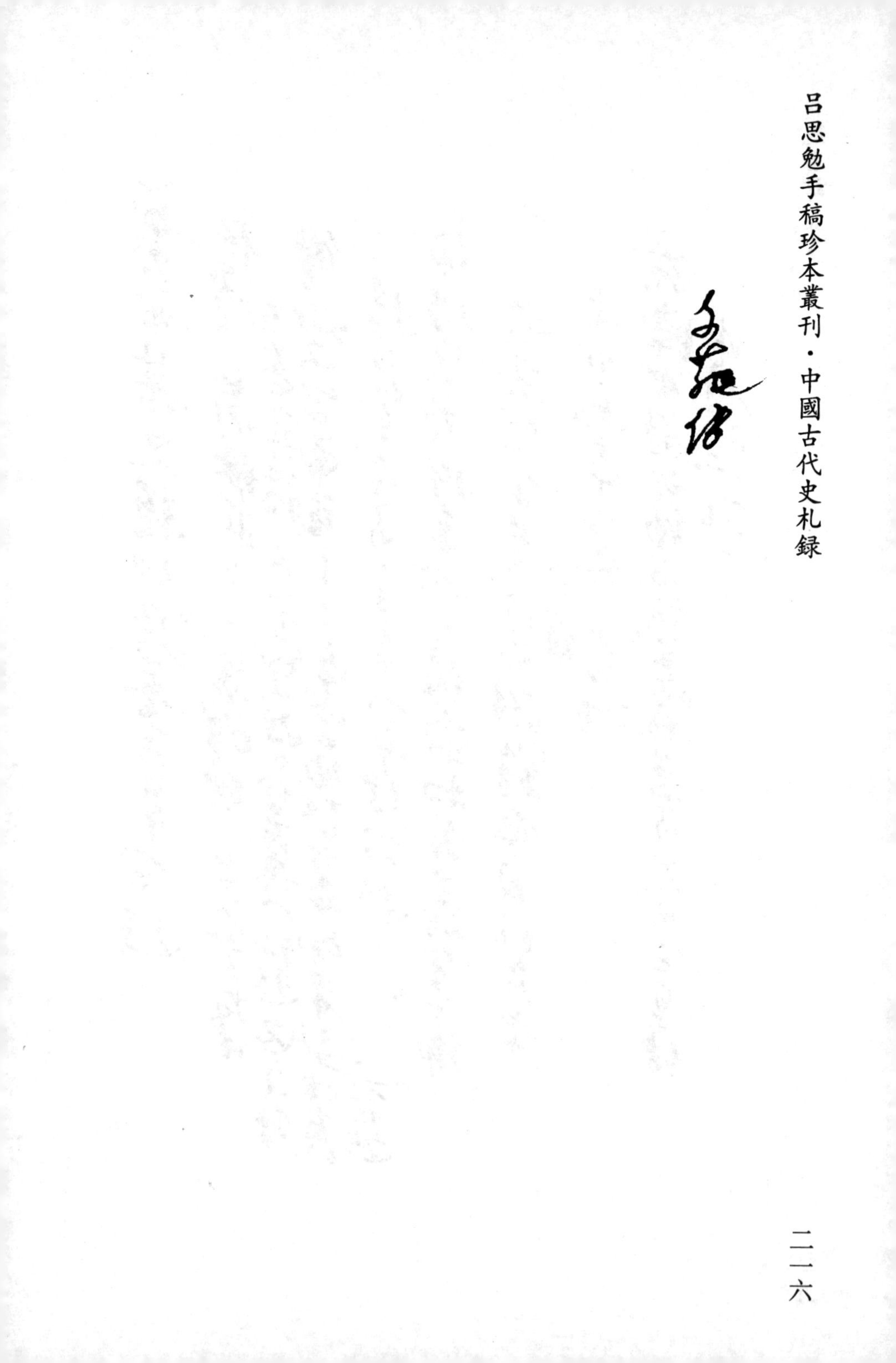

[illegible]

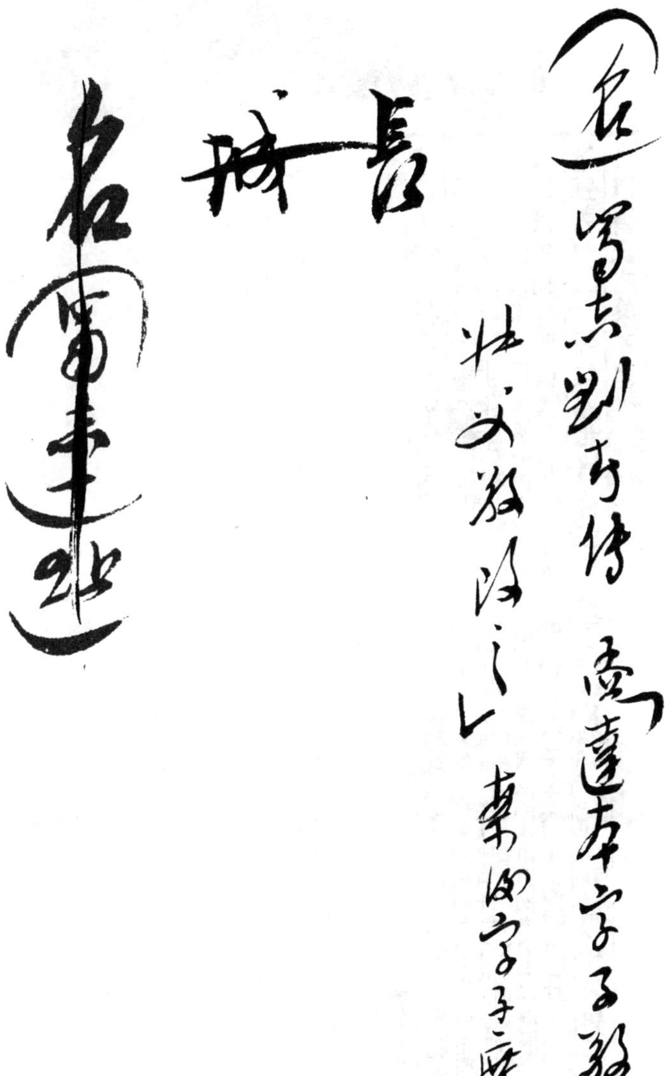

齊氏之宰渠子召

北宮子北宮喜也北宮氏之宰不與聞謀殺渠子遂伐齊氏滅之丁巳晦公入與北宮喜盟于彭水之上喜本與齊氏同謀故公先與喜盟。疏丁巳晦○正義曰丙辰丁巳乃是頻日其事既多不應二日之中并爲此事今杜不云日誤者以誤在可知故杜不言且宣二年壬申朝于武宮注云壬申十月五日有日而無月冬又在壬申下明傳文無較例又注哀十二年傳云此事經在十二月叅上今倒在下更具列其月以爲別者壬明本不以爲義例故不皆齊同如杜此言或傳因簡牘之辭不復具顯其日月劉炫以爲日誤而規杜氏非也秋七月戊午朔遂盟國人八月辛亥公子朝褚師圃子玉霄子高魴出奔晉皆齊氏黨閏月戊辰殺宣姜與公子朝通謀故衞侯賜北宮喜謚曰貞子滅齊氏故疏貞子○正義曰謚法外內用情曰貞賜析朱鉏謚曰成子從公故而以齊氏之墓予之皆未死而賜謚及墓田傳終而言之

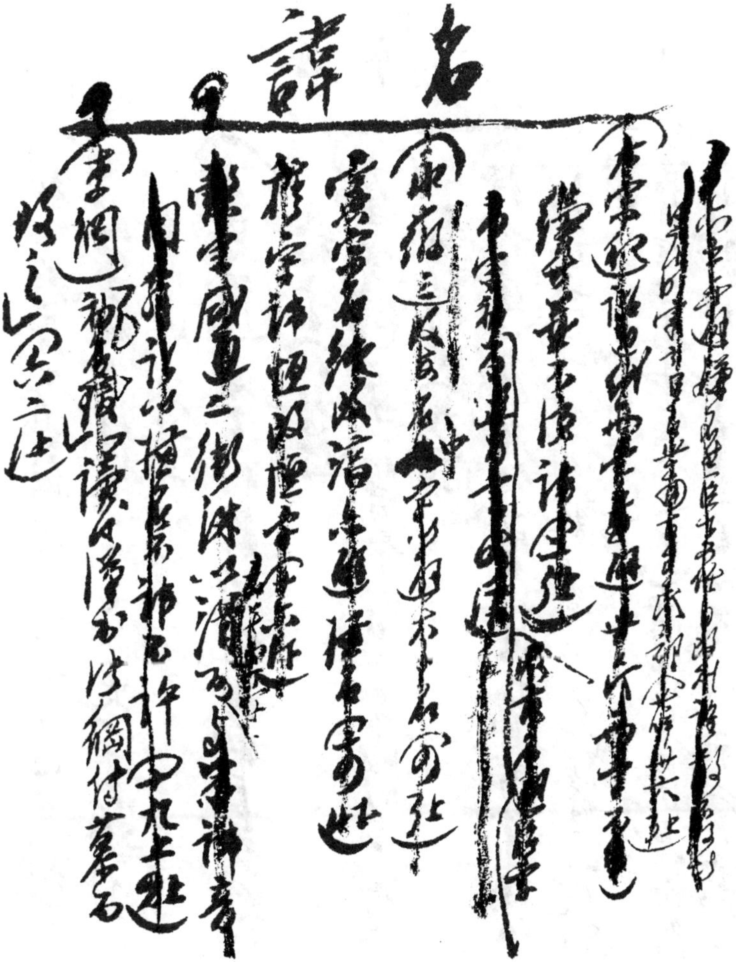

名諱

廿

名諱

(趙[illegible]傳)[illegible]

將軍[illegible]傳)[illegible]將軍[illegible]

[illegible](八六上)

(李[illegible]傳)本名仁[illegible]，以言觸犯太祖諱，改字(八八上)

(崔[illegible]傳)本名[illegible]，以字下觸[illegible]，改諱[illegible](九〇上)

(陳[illegible]傳)本名從[illegible]，以下犯廟[illegible]宗諱改(九三上)

[illegible](九三上)

[illegible](九七上)

[illegible](九五上)

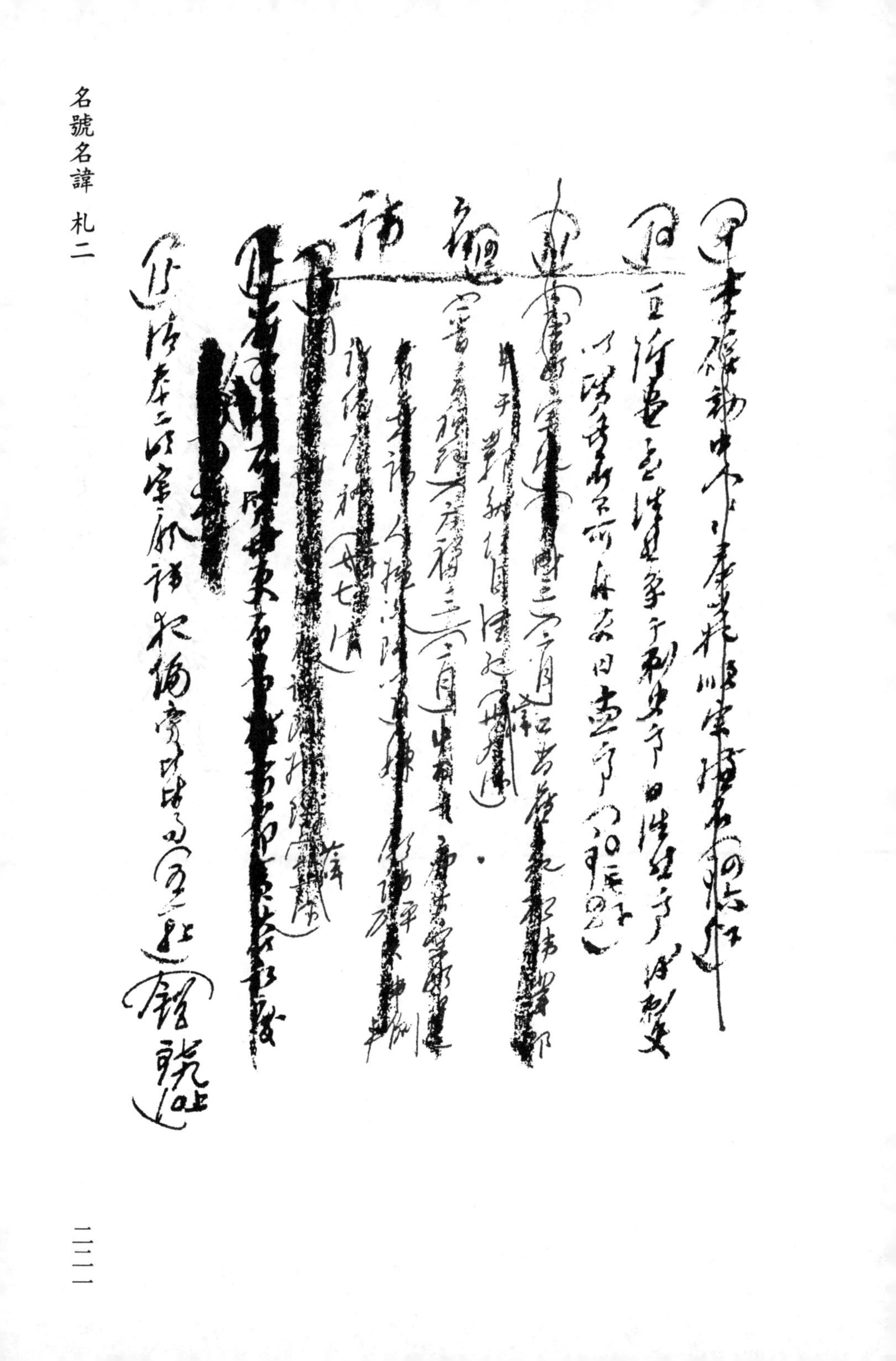

[illegible]

諱名

參考材料讀史劄記（錯）

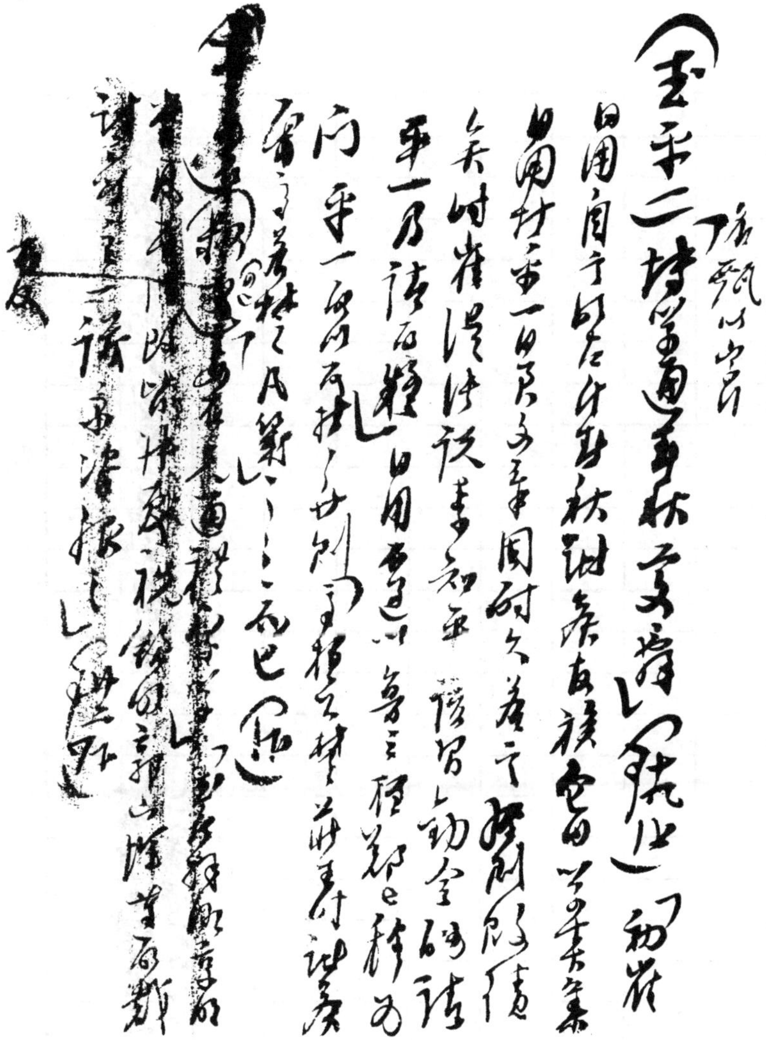

名諱

無爵稱子。蘊德丘園，聲實明著，則謚曰先生。（舊唐書職官志，太常寺（ロの似））

名諱

其后有獲同諱傳親乃自相避之謝晉傳之（二十）晉書禮志
婦人有諱抑者以夫諱（同上）
太元十三年。召孫安國為侍中。安國表以黃門郎王愉名犯私諱。
不得連署。求解。有司議云。……禮所云私諱。大夫之所有公諱。
無私諱。……以謝尊私諱。主制屬家禪。——尚書奏事男臣尤
表以尚書郎王祐名犯父諱。求解職。明詔復發。孫祚擁嘗。蓋是
恩出制外。而此例遂開寵式。源流既廣。莫知其極。……請一斷
之。從之。晉書禮志（二十）
晉書桓沖傳。荊州人為桓諱名。處宣請以問為稱。改戶曹為辭曹

寄。當是其居室，皆以門為稱，謂門之族[illegible]書為[illegible]，列論猶李園於秘，其弟亦稱，此一為平稱，門為戶，吏與此等人所為也。

晉書裴楷傳：次兄康，康子盾，盾弟邵。元帝為安東將軍，以邵為長史，王導為司馬，二人相與為深交。……導子仲豫，與康同字。導思舊好，乃改為敬豫。已見舊時部四至八上。

韓延之以劉裕父名翹，字顯宗，延之遂字顯宗，名兒為翹，以示不臣劉氏。晉書附司馬休之傳（四七上）

晉書江統傳：選司以統叔父春為宜春令。統因上疏曰：故事，父祖與官職同名，皆得改選。……身名所加，亦施於臣子。佐吏係屬。

朝夕侍奉。官位之號。蓋言所稱。并指實而說。則違禮經諸書一

親。若說唐時迴避則為唐書擅犯家諱……若為本名。以避古禮

則違本於不尊人親之義。臣以君之名名其友諸同此。直至解父

祖名之時。……解建達之。（西六卯近）

皆於成循傳之前。為西岳將軍。後上循名是同用也。子循言及其時

事。同問曰。引賭博戲鋸截一頭。是殘酷。猶未及言。帝怪曰。是與

郎也。猶流涕曰。先父雷逮其名。指劍自痛哭。自以上皆帝者據

之之自而如此（另八陌）

皆當面錯傳父名……稱……今稱同史。……舒上疏請以父名

諸議以字同罵。於禮未穩。舒得除高稱曰字同。求換他職於

是時令字為鄧。鄧石字之初也。」(七五)

晉書毛寶傳：子穆之，字憲祖。小字武生。名犯王皇后諱，故以字行。改

又以桓溫母名憲，乃更稱小字。」(八一)

又虞預傳：本名茂，犯明穆皇后母諱，故改焉。」(八二)

又張軌傳：天錫（字純嘏）……初字公純嘏，入朝，人笑其三字，因自改焉。」(八六)

又儒林傳：劉兆，字延世，濟南東平人。……嘗有人著靴騎驢至兆

門外曰：吾欲見劉延世。兆儒德道素，青州無稱其字者，門人大

怒。……」(九一)

又桓玄傳：平元顯後，諷朝廷……並諱桓溫諱。有姓名同者，一

皆改之。」(九九桓)

晉書姚興載記：興班告境內及在朝文武，立名不得犯叔父緒及

碩德之名。……以彰殊禮。（一一七上）

漢魏相承，皆非列侯不加謚，此陋直言請謚之不採。晉書劉毅傳（四五）

鄭袤卒，太康八年，太常上謚為景。帝以謝所不同，號謚典景目

不可。晉書本傳（四四上）

晉書王導傳：自導薨已來，開謚多由……等乃上疏，推封安

有司所議，卿權弈作。其事不議，其官制度之宜，率意而從之。自今

上御其所為議。其所議也。（六五上）

宋書江智淵傳：世祖深相知待，與淵冠服。上甚知其悉，每命群臣

以三人諱集。智淵常以為其旨。時但未及帝，輒將發引是……上

上酣宴。輒詔群臣。並使自相嘲訐。以為歡笑。智淵素方退。漸

不合旨。[redacted]使以王僧朗嘲戲其子景文。智淵正色曰。恐不宜

有此戲。上怒曰。江僧安文智淵癡人、、自相惜。智淵伏席流涕。

由此恩寵方衰。以議上寵姬宣貴妃殷氏謚曰懷。為上所銜。大

明七年。以憂卒。五九6下

宋書顏竣傳。先是竣未有子。而太宰江夏王義恭諸子為元凶

所殺。至是並產男。上自為制名。、、義恭子為伯禽。以比周公

伯禽周公旦之子也。名竣子為辟彊。以比漢侍中張良之子。七五

又5上

宋書明四王傳。邵陵殤王友。以廢帝元徽二年。、、、江州刺史桂陽

王僧?虔及諱。王寶?實?藉?。友年五歲。出為……江州……郢陵

王。……府州文案及臣吏。不諱有年之前。（六十五）廣平孝悌

「……此言不諱極矣也。南史[redacted]下の字云有無及之15。世說卷

遊

寶自魚偉付儉處。……本名瓊。以與傅亮兄子同名。改為曼度。（九の了）

避諱不出官。近什諱之。（六100）彌劭裨夫

諱劉國貞之祖上日

子有王晏傳……乃若晏於楷華出首謀江〔湛〕宗……晏子德元。……

初名湛。世祖謂晏曰。劉湛江湛。並不善終。此非佳名也。晏乃改

之。晏是為弟晉真生存後和得被誅也（九の一五）

齊書陸慧曉傳：未嘗卿士大夫。或問其故。慧曉曰：貴人不可卿而
賤者乃卿。人生何容立輕重於懷抱。終身常呼人位。(卷四六)
諸吏備勞。又書沈憲傳：少為憲從伯叙軍實之所知，歷序書謝（卷五三）
摘賓之印賓。樂時以賓與帝諸閱書。以吏此勞為賞。如付
傅止稱侍賓。亦大例也。沈賓之以充家二十一事為出錄冥。書
見齊書本紀。摘書孔子請為鄰侯倘勞等
齊書孝義傳江泌：泌族人兗州治中泌，黃門郎悆之子也。與泌同
名。世謂泌為孝江泌以別之。（卷五五）案此與隋石寶、賈石寶
同例
梁書止稜傳：又泳……為新興永寧二郡太守。郡犯和諧。及永寧

古者避（十六頁上）嫌名者謂以和諱而改郡名。僅見於此。

晉書陸機傳：范陽盧志於衆中問機曰：陸遜、陸抗，於君遠近？機曰：如君於盧毓、盧珽。志默然。既起，雲謂機曰：殊邦遐遠，容不相悉，何至於此。機曰：我祖父名播四海，寧不知邪。議者以此定二陸之優劣。（十六頁上）

朝堂諱榜。見言者重蒞榜（卅六頁）

宮庭諱出官書。亦言者稍急（九頁）

言高帝之祖諱名。言者稍急（九頁）

名諱

魏書游明根傳：明根子肇為尚書。令高肇，世宗之舅，百寮懾憚，以肇名與己同，欲令改易。肇以高祖所賜，秉志不許。高肇甚銜之。世宗嘉其剛梗。（五五9上）

又高祐傳：本名禧，以與咸陽王同名，高祖賜名祐。（五七上）

又蠕蠕傳：蠕蠕之俗，君及大臣因其行能，即為稱號，若中國立謚。既死之後，不復追稱。（一〇三上）

又北齊書杜弼傳：相府法曹辛子炎諮事，云須取署，子炎讀署為樹。高祖大怒曰：小人都不知避人家諱。杖之於前。弼進曰：禮，二名不偏諱。孔子言徵不言在，言在不言徵。子炎之罪，理或可恕。高祖罵之曰。瞎眼人瞎。乃復摩挲了禪。以令出去。衡行十步許。呼還。

子笑亦蒙釋嘴。（此の註）齊神武紀。神武父名樹[redacted]生。衡言不諱。

北齊書徐之才傳。父雄。之才李諧於廣坐因稱其父名曰。卿嗜熊

白生否。之才曰。平之耳。又曰。卿此言於理平否。諧遽出避之。道

逢其甥高德正。德正曰。舅顏色何不悅。諧告之故。德正徑造坐

卿。連素熊白。之才謂坐者曰。個人諱底。衆莫知。之才曰。生不爲

人所知。死不爲人所諱。此何是郎。（此三註）

与古人同名字。周書梁士彥傳：有子五人，操字孟德（卅一注）

[redacted]十考證嵩道揆侍道揆以使封書侍御史薛聰

……書侍御史馮夢禎以爲當作侍書御史。直人說按弟以卷

内大約治書侍御史俱作書侍御史，乃唐人避諱而删治字耳

北史序傳。俞……仕於沙氏……俞本名民，書姓準氏，沙睦請

俞曰：仰名民表，又姓梁，今子孫同以目其男氏。昔耿俞以翻年

立功啟中興之業，事特賜仰，有同耿氏，乃使名俞（百版）

又産之兄弟禮之、行之、凝之。乘蔚傳之畫之，華有器望……積之死，顏文害諸弟

不避當時曲暴行，哀極頽。趙郡李聚來吊之，歎曰：此家風範海

内所稱，今始見之，真吾師也。欲與連類，即日自爲日劳之（百卅）

〻〻〻提字神嵩〻〻〻在諸京時琅邪王補占夢神嵩故名其子曰嵩。庶其似之（晉史百七十）

策謚。不用博士議以詔策賜謚（通鑑晉武帝咸寧四年注八十卷）

不宜運古人名雅以爲己名（顏氏家訓風操篇（上卷））

與人言宜稱名。臣僕之稱用者衆（同右）

● 今人多以字行乃六朝舊法　老圃

吾國習俗。名之外有字。有別號。歐西人亦有初名中名末名之別。此實非善法。吾謂物名人名。均不應歧出。如言南京。則當逕稱南京。乃有時稱江寧。有時稱金陵。有時稱白下。此可不必也。人名亦然。西人三名聯署。猶不覺其不便。華人析名字而二之。乃紛擾不可言。此官文書用名。而商業習慣。往往僅知其字。而不知其名。祖父書遺囑。多用字。而涉訟時。字名相左。又須證明其祖父之名。此皆人所習知。今日商界中人。多用字而不用名。此法在南北朝風行。南朝人如王敬宏。王仲德。王景文。謝景仁。北朝人如蕭世怡。李元操。皆因名犯帝諱。即以字行。不復更名。通鑑大同二年。時人多以字行。舊史皆因之。此正與上海之風相似也。嘗見上海某商人對衆演說。自稱其字。或嗤之以鼻。其實此法亦未可厚非。王右軍與人書。自稱王逸少。白廬循與人書。自稱范陽盧子先叩首。魏王昕對汝南王悅。自稱元景。北齊祖珽對長廣王湛。自稱孝徵。皆其例也。但所謂以字行者。其名猶未全廢。而與字不同。晉宋以來。或名字相同。如王道子。字道子。殷仲文。字仲文。王僧儒。字僧儒。劉孝綽。字孝綽。此法更便。唐時亦盛行。郭子儀即其一例。降及明世。猶有此風。如成化進士曹時中。字時中。張禎叔。字禎叔。廖德徵。字德徵。皆名字爲一。吾料此風必復行也。

書所引通鑑見梁武帝中大通二年。頗涉此時人之名因此者可考林

禮

禮提要

「禮」一包札録，內分兩札，第二札內又分六小札。此包札録，部分是先生從《左傳》《禮記》《荀子》《隋書》《宋史》等史籍中摘出的資料，部分是先生讀《困學紀聞》《癸巳類稿》《東塾讀書記》《禮經通論》等書籍的筆記。

吕先生的札録，大多在天頭或紙角寫有類别名稱，如「禮」「冠禮」「拜跪」「鄉射」等，有些也寫有題頭。札録上的資料，多是節録或剪貼史籍原文，並注記篇名卷第，未録史籍原文的，在題頭下也注明資料出處。如第二六一頁「二君弱，皆強冠之，左成二」（即《左傳》成王二年），第三八四頁「鳴鞭」注見《宋史·儀衛志》「148/4」（即卷一四八第四頁）。札録中也有先生加的按語，如第二八〇頁「三者三」，第二九二頁「君子行禮不求變俗」，第二六七頁也有長段的按語。

「禮」一包，也有一些剪報資料，此次整理只收録了一小部分；札録的手稿部分，均按原樣影印刊出。

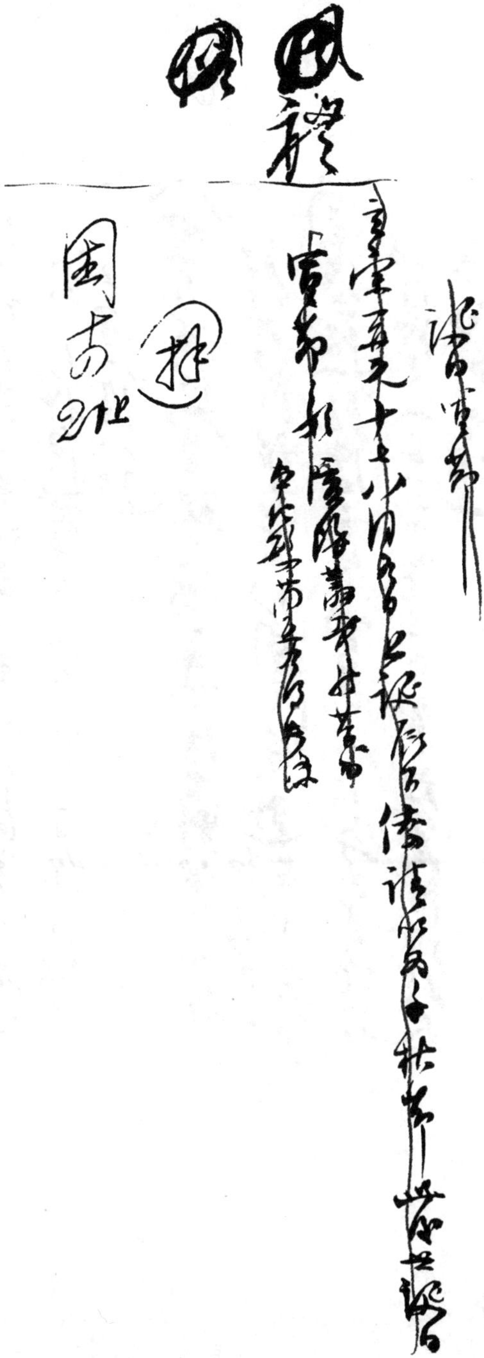

禮

(隋仁壽二)詔楊素等修定五禮(隋二上)

開皇時牛弘言江南〻王儉所撰注遂師爲俗

令弘撰儀禮百卷悉用東齊儀注微采

王儉(隋八上)

(舊太宗紀)(貞觀十一)(正月)房玄齡等進五禮

頒五禮詔所司行用之(三上)[illegible]見本傳(七六)

(高宗紀)(顯慶三年)(正月)……無忌上所修新禮

新禮凡一百二十卷二百五十九篇詔頒天

下[redacted](同上)

(玄宗紀)(開元二十)(九月)中書令蕭嵩等奏上開

元新禮一百五十卷制所司行用之(同上)

禮

王涇子者五十以禮婦見舅姑之儀（四十五）

（王涇石草郊府典乎可一百卷（七十卷））

（李蘅逌）刪定禮（一八二[illegible]卷）

（王彥威）仰元和新禮（總卷）

蕭嵩等字卯禮舊唐書台唐詩清

府付享陸禮錄國家修上其詳

膳（郊外崔沔傳）

(禮樂志)禮樂所兼各 古所謂習百(十上)
正考於禮 觀於禮 從考於禮 由是言之 [illegible]
[illegible]
禮 [illegible]
[illegible]禮(十一 [illegible])

禮 [illegible](宋 [illegible] 上)
(舊史劉岳傳)天成中詔撰新書儀
一部，文約而理當，今以形世(六八注)
此書[illegible]依[illegible]，[illegible]，故重加[illegible]
經[illegible]中偽文[illegible]之定大[illegible]新書(元[illegible]五[illegible])
古書每(宋史 8[illegible])

一 [illegible] 三九 [illegible] 閻 [illegible] 一 [illegible]
禮

禮

（周世宗紀）（顯德五年）十一月丁亥朔，從翰林學士竇儼之請，集文學儒士撰集大周通禮、大周正樂，從儼之奏也。（又見樂志）

書儀見困学紀聞十之10上

禮

上公得用先代天子禮樂不得用虞夏天子禮樂 求古錄禮說十三天子宗廟九

辨獻

鞠躬辨之 同上

天子至士等卑等差之例 同上十一表 禮飲食考

周公制禮沿襲先代者不少 同上禮遺 敷考

大夫士不用萬籩惟用敦 同上

殷禮尚文辨八 同上

天子登車於大寢階等辨十 同上

天子迎賓考十二 同上

朝會考之 同上

◉社會局編訂喜慶餽贈辦法

張市長鑒於本市習尚、趨於奢靡、舉行婚喪慶弔、大率浪費金錢、毫無裨益、亟應加以限制、諸從節儉、以示訓政時期之新氣象、特令飭社會局編訂婚喪慶弔禮制草案、以便核定頒行、社會局奉令後、當以婚喪禮制、業經禮制服章審訂委員會大學院內政部編訂草案、呈請國民政府鑒核施行、應俟將來頒布後、如民間不切實奉行、再設法取締、至目前辦法、擬先就俗例中之慶壽及宴會餽贈各辦法、略示限制、當擬具條文、呈候市長核奪、頃該局奉到指令、該項辦法、業經法規審查委員會修正通過、並於第九十九次市政會議議決、統交社會局辦理、該局奉令後、已分函市黨務指導委員會及軍政各機關民衆團體一致推行、蔚成風氣、以振頹俗、茲錄該項辦法如下、

▲慶壽辦法 ㈠男女年滿六十歲始得稱慶、㈡稱慶於其生日行之、參加慶祝、以家屬親屬爲限、但年高德劭者、得由其子女柬邀友人參加、㈢稱慶得設立禮堂、或借公共地點舉行、㈣行儀時、戚族及來賓與壽翁母平輩者相對互行一鞠躬、家屬答謝一鞠躬、卑幼向壽翁母行三鞠躬禮、家屬答謝如儀、㈤禮畢、舉行茶會、先由子女或戚族之卑幼恭致頌辭、並述壽翁或壽母平日之嘉言懿行、可屬後輩法式者、來賓致祝辭、壽翁或壽母致答辭、子女致謝詞、用茶點而散 ㈥如舉行宴會以及戚友餽贈、均依照宴會餽贈辦法辦理、㈦凡事涉迷信者 概行禁止、

▲宴會餽贈辦法 ㈠喜慶宴每席以十元爲限 肴饌烟酒概用國貨、㈡喪事欵客蔬食、不用酒、以節儉爲主、㈢友朋酬酢、以必要時爲限、每客爲五角、高至一元爲度、㈣婚壽禮餽贈、以聯幛祝詞賀儀爲限、若贈其他物品、務宜合於實用 ㈤奠儀以輓聯·輓幛·香花·賻儀·花圈·等爲限、此外如錫箔·紙燭·冥器· 紙盤·等物、一概廢除、㈥舊歷節禮概行廢止(如端陽中秋冬至年節之類)、㈦宴會後、如有餘興、應以正當娛樂爲限、㈧宴客所發之請柬、應註明月日時刻地點服裝、準時入座、賓客居時不能列席、或遲到者、應向主人聲明、但主人仍須準時入座、㈨宴會時、不得召妓侑酒、㈩宴會餘興至遲不得逾夜十一時、

十七年十二月

上海特別市

不一

儀礼行于春秋時義

癸巳類稿五

禮

禘與四時有之祀合

禮經通論第一篇

礼一

六月分屬以藤

第十七篇 孔住因論及之際 十七 十八篇

礼

礼经通论

凡礼第十八篇

禮一

周公制禮僅舉大綱

東塾讀書記 八第四条

禮

春秋時禮崩樂壞

東塾讀書記

九弟四条

拜跪

婦人之拜与揖

一拜与再拜辨

實事求是齋經義

拜跪

古揖爲今拱手　今揖古曰肅　亦曰長揖

實事求是齋經義

一拜與再拜辨

拜跪

凡拜皆跪但俯下其首曰肅拜以手據地引[redacted]至首曰手拜即男子之稽首婦人之拜扱地有吉拜也拜曰稽顙以首叩地不加于手實事求是齋經義一[redacted]肅與肅拜辨

拜跪

出拜六尚左手

實事求是齋任義

一親非追服之名辭

拜跪

恭[illegible]

十三侄詒谷叩上

拜跪

揖與拜　古人揖一執往又想古人對揖跟之揖也之若今人

拱手謝絶　肅拜即拱手而屈其身今世語之揖　揖屈

其手至古人謂拜手大禮九拜空首今今典語打躬鄭注

之之引手　候已數偽

之引　乃揖

跪拜

跽与跪之别

说文足部跽字臆注

燕享

燕[redacted]饗通名說

實事求是齋

匯纂二

禮

冠禮

二天子始冠之

左成二

冠禮

士冠禮與公冠禮

天子諸侯十二 大夫十六 士庶二十 冠

○公 襄九

送晉侯晉侯以公宴于河上問公年季武子對曰會于沙隨之歲寡君以生沙隨在成十六年晉侯曰十二年矣是謂一終一星終也歲星十二歲而一周天疏注歲星至周天○正義曰直言一星終知是歲星者以古今歷書推步五星金水日行一度土三百七十七日行星十二度火七百八十日行星四百一十五度四者皆不得十二年而一終唯木三百九十八日行星三十三度十二年而彊一周舉其大數十二年而一終故知是歲星國君十五而生子冠而生子禮也冠成人之服故必冠而後生子○冠古亂反注下皆同君可以冠矣大夫盍為冠具武子對曰君冠必以祼享之禮行之祼謂灌鬯酒也享祭先君也○盍戶臘反祼古亂反灌古亂反疏注祼謂至先君也○正義曰周禮大宗伯以肆獻祼享先王鬱人凡祭祀之祼事和鬱鬯以實彝而陳之鄭玄云鬱鬱金香草也鬯釀秬為酒芬香條暢於上下也築鬱金煮之以和鬯酒郊特牲云灌用鬯臭鄭玄云灌謂以圭瓚酌鬯始獻神也然則祼即灌也故云祼謂灌鬯酒也祼是祭初之禮故舉之以表祭也周禮祭人鬼曰享故云享祭先君也劉炫云冠是大禮當徧告羣廟以金石之樂節之以鍾磬為舉動之節以先君之祧處之諸侯以始祖之廟為祧○祧他彫反疏君冠至處之○正義曰冠是嘉禮之大者當祭以告神故有祼享之禮以祭祀也國君無故不徹縣故有金石之樂行冠禮之時為舉動之節也冠必在廟故先君之祧處之也既行祼享祭必有樂所言金石節之謂冠時之樂非祭祀之樂也諸侯之冠禮亡唯有士冠禮在耳其禮亦行事於廟而不為祭祀士無樂可設而唯遠祧同耳士冠必三加始加緇布冠次加皮弁次加爵弁公則四加大戴禮公冠篇於士三冠後更加玄冕是也案此傳文則諸侯十二加冠也文王十三生伯邑考則十二加冠親迎于渭用天子禮則天子十二冠也晉語柯陵會趙武冠見范文子冠時年十六七則大夫十六冠也士庶則二十而冠故曲禮云二十曰弱冠是也○注諸侯至為祧○正義曰祭法云遠廟為祧天子有二祧鄭玄云祧之言超也超上去意也諸侯無祧聘禮云不腆先君之祧是謂始祖廟也聘禮注云天子七廟文武為祧諸侯五廟則祧始祖也是亦廟也言祧者祧尊而廟親待賓客者上尊者然則彼以始祖之尊故特言祧耳昭元年傳云敢愛豐氏之祧大夫之廟亦以祧言之是尊之意也不待至魯而假於衛者及諸侯賓客未散故也今寡君在行未可具也請及兄弟之國而假備焉晉侯曰諾公還及衛冠于成公之廟成公今衛獻公之曾祖從衛所處疏注成公至所處○正義曰成公是獻公曾祖衛世家文也服虔以成公是衛之曾祖卽云祧謂曾祖之廟也曾祖之廟何以獨有祧名王制大夫三廟一昭一穆與太祖之廟為三鄭之豐氏豈得立曾祖之廟乎而亦謂之祧也杜言從衛所處意在排舊說也以晉悼欲速故寄衛廟而假鍾磬其祼享之禮歸魯乃祭耳假鍾磬焉禮也

冠

天子諸侯幼即位皆十二而冠

何成乎公之意據剌欲救紀而後不能。剌欲七賜反後皆同更不音疏注據剌至不能。解云莊三年冬公次于郎傳曰其言次于郎何剌欲救紀而後不能也然則欲救紀是善事公不能救紀是不終善事而春秋書次于郎以剌之今隱公有讓心實是善事但終讓不成爲他所殺亦是善心不遂而春秋善之故以爲難也公將平國而反之桓。平治也時廢桓立隱不平故曰平反還之曷爲反之桓據已立也桓幼而貴。隱長而卑。長者已冠也禮年二十見正而冠士冠禮曰嫡子冠於阼以著代也醮於客位加有成也三加彌尊諭其志也冠而字之敬其名也公侯之有冠禮夏之末造也天子之元子猶士也天下無生而貴者。隱長丁丈反注及下皆同已冠工亂反下同適子丁歷反下同醮子笑反疏注禮年至而冠。解云若以襄九年左傳言魯襄公年十二而冠也依八代記即少昊亦十二而冠則知天子諸侯幼即位者皆十二而冠矣是以興義古尚書說云武王崩時成王年十三後一年管蔡作亂周公東辟之王與大夫盡弁以開金縢之書時成王年十四言弁明知已冠矣是其證也但隱公冠當惠公之世從士禮故二十成人乃冠是以何氏即引士冠禮以解之所以必二十冠者異義今禮戴說云男子陽也成於陰故二十而冠是矣而言見正者欲道庶子不冠於阼階故也。注士冠至成也。解云鄭彼注云每加於阼則醮之於客位所以尊敬之成其爲人也是矣凡此士冠禮及禮記冠義郊特牲亦有此文鄭注冠義云阼謂主人之北也適子冠於阼若不醴則醮用酒於客位敬而成之也戶西爲客位庶子冠於房戶外又因醮焉不代父也鄭注昏義云酌而無酬酢曰醮之禮如冠醮與。注三加至志也。解云此士冠記文三加者先加緇布冠次加皮弁次加爵弁也彼記云始冠緇布之冠也大古冠布齊則緇之鄭注云大古唐虞以上重古始冠冠其齊冠也諭其志者彼鄭注云彌猶益也冠服後加益尊諭其志者欲其德之進也是矣注郊特牲云冠益尊則志益大也。注冠而字之敬其名也。解云亦彼記之文鄭注云名者質所受於父母冠成人益文故敬之是也。注公侯至造也。解云此亦士冠禮記文彼鄭注云造作也自夏初以上諸侯雖父死子繼年未滿五十者亦服士服行士禮五十乃命也至其衰末上下相亂篡弒所由生故作公侯冠禮以正君臣也引之者見當時公侯有冠之言。注天子至貴者解云此亦記文鄭注郊特牲云儲君副主猶云士也明人有賢行著德乃得貴也引之者見隱公冠時年已二十宜從士禮明矣

隱元

冠

十有二年春王正月郕伯來奔。郕音成○杞伯來朝僖二十七年稱子今稱伯蓋時王所進。朝直遥反○二月庚子子叔姬卒其曰子叔姬貴也公之母姊妹也同母姊妹疏公之母姊妹也○釋曰傳稱其曰子叔姬貴之也公之母姊妹也則似稱子以明貴是以録其卒未必出公之母姊妹此下意乖者上傳云公之母姊妹稱其稱子所由明貴則書卒賤乃不録也下傳云許嫁以卒之也欲見其雖貴非許嫁不書上下二傳足成非乖也許嫁乃書卒者以其即貴之漸故也徐邈云上傳云子叔姬者杞夫人見出故不言杞下傳云許嫁者言是別女非杞叔姬也理亦足通未如范意然否其一傳曰許嫁以卒之也男子二十而冠冠而列丈夫三十而娶女子十五而許嫁二十而嫁禮二十而冠冠而在丈夫之列謂周曰國不可久無儲貳故天子諸侯十五而冠十五而娶娶必先冠以夫婦之道王教之本不可以童子之道治之禮十五爲成童以次成人欲人君之早有繼體故因以爲節晉稱成王十五而冠著在金縢周禮媒氏曰令男三十而娶女二十而嫁內則云女子十五而笄說曰許嫁也是故男自二十以及三十女自十五以及二十皆得以嫁娶先是則速後是則晚凡人嫁娶或以賢淑或以方類豈但年數而已若必差十年乃爲夫婦是廢賢淑方類苟比年數而已禮何爲然哉則三十而娶二十而嫁說嫁娶之限蓋不得復過此爾故舜年三十無室書稱曰鰥周禮云女子年二十未有嫁者仲春之月奔者不禁奔者不待禮聘因媒請嫁而已矣甯謂禮爲夫之姊妹服長殤年十九至十六如此男不必三十而娶女不必二十而嫁明矣此又士大夫之禮○冠古亂反娶七住反譙在遥反笄古兮反先是蘇徧反後是戶豆反比毗至反或如字得復扶又反鰥古頑反禮爲于僞反長丁丈反疏注禮二至之禮○釋曰先儒多以周禮媒氏三十之男二十之女限以年數故范引譙周以爲證下取禮文以爲早嫁之驗或以賢淑者若文王之娶大姒是也或以方類者左傳稱鄭世子忽云齊大非吾耦是也此又士大夫之禮者著喪服所言多陳士大夫之禮猶不待二十明諸侯以上早娶禮在不疑也案尚書金縢無成王十五而冠故彼鄭注云天子諸侯十二而冠成王此年十五於禮已冠而爵弁者承天變故降服也今譙周云成王十五而冠著在金縢者先儒鄭玄之徒約大戴禮以爲文王崩之明年成王始生文王年十五生武王文王九十七而終則終時武王年八十三矣崩之明年武王年八十四也武王九十三而終則武王崩時成王年十歲可知耳周公攝政必在除喪之後是周公初攝政之時成王年十三金縢稱始欲攝政即羣叔流言周公居東二年罪人斯得乘前之年是成王十四年秋始感大風之變王與大夫盡弁以啓金縢之書是啓金縢時成王年十五又書傳云四年建侯衞則周公復居攝四年作康誥也又書傳云天子年十八稱孟侯作康誥之時成王稱孟侯則成王年十八矣周公居攝四年成王十八年自然啓金縢迎周公之時成王十五故譙周亦以啓金縢時爲成王年十五尚書特云王與大夫盡弁則始冠之年故云十五而冠謂在金縢也鄭云天子諸侯十二而冠者約左傳魯襄公之年耳更無正文可據故范亦不從○夏楚人圍巢○秋滕子來朝○秦伯使

穀文十二

冠札（逢喪）

冠子逢[illegible]喪
父没而冠
訓矣未冠而朝爲天子賜之冕弁
醮而無酬酢曰醮
冠周禮言之禮序之
及後禮用用之

曾子問曰將冠子冠者至揖讓而入聞齊衰大功之喪如之何冠者賓及贊者。冠古亂反下及注皆同孔子曰內
喪則廢外喪則冠而不醴徹饌而埽即位而哭如冠者未至則廢內喪同門也不醴不醴子也其廢者喪成服因喪而冠。饌仕
戀反埽悉報反如將冠子而未及期日而有齊衰大功小功之喪則因喪服而冠廢吉禮而因喪冠俱成人之服及至也除
喪不改冠乎孔子曰天子賜諸侯大夫冕弁服於大廟歸設奠服賜服於斯乎有冠醮無
冠醴酒爲醮冠禮醴重而醮輕此服賜服酌用酒尊賜也不醴明不爲改冠改冠當醴之。醮子妙反酌而無獻酬曰醮父沒而冠則已冠埽地而祭於禰已祭
而見伯父叔父而后饗冠者饗謂禮之疏曾子至冠者。正義曰此一節論冠子逢喪之事將冠子冠者至揖讓而入者曾子問將欲冠子冠者謂賓及贊者至主人之門而與主人揖
讓而入主入忽聞齊衰大功之喪如之何孔子荅之云若是大門內之喪則廢以加冠在廟喪則在大門之內吉凶不可同處故云內喪則廢。外喪則冠而不醴者外喪謂大門外之喪喪在他處猶可以加冠也但平常吉時三加之後設醴

以禮冠者之身今既有喪故直三加而已不醴之。徹饌而埽者以初欲迎賓之時未知有喪醴及饌具既已陳設今忽聞喪故徹去醴與饌具又埽除冠之舊位令使清絜更新乃即位而哭如賓及贊者未至則廢而不冠也。如將至而冠既荅曾子之問遂言未及期日有喪之禮期云未及期日而有齊衰大功小功之喪。則因喪服而冠者孔子言冠日尚遠不可以吉加冠故廢其吉禮則因著喪之成服而加喪冠也除喪不改冠乎者曾子既得夫子引類以荅之仍疑而發問云此人因喪服而冠除喪之後不更改易而行吉冠之禮乎。孔子至賜服。此一經孔子引類荅曾子除喪不合改冠之事所以然者謂諸侯幼弱未冠總角從事至當冠之年因朝天子天子而賜諸侯大夫或弁或冕之服於天子大廟之中榮君之賜歸設奠祭於已宗廟此時身服所賜之服更不改冠也。於斯乎有冠醮無冠醴斯此也於此之時唯有冠之醮法行醮以相燕飲無有冠之醴法謂不用醴以禮受服者之身所以然者凡改冠則當用醴今既受服於天子不可歸還更改爲初冠禮法然則既因喪而冠不可除喪更改爲吉冠也。父没至冠者。孔子既荅其問又釋父没加冠之禮故云父殁而冠則加冠已冠之後埽地而祭於禰廟已祭之而見伯父叔父見伯叔之後乃饗冠者。注内喪至而

十三經注疏　禮記十八　曾子問　三

冠。正義曰内喪同門者皇氏云謂同大門之内云不醴不醴子也者按士冠禮醴子之後始醴賓恐此經云不醴是不醴賓故云不醴子也必知不醴子者以經云冠者未至則廢廢謂子身冠廢明不醴是不醴子也云其廢者喪成服因喪而冠者以下文云未及期日因喪服而冠是也熊氏以即位而哭謂在冠家即位以文承徹饌而歸之下皇氏以爲即喪家之位非也。注廢吉至之服。正義曰吉冠是吉時成人之服喪冠是喪時成人之服今既有凶廢吉禮而因喪冠故云俱成人之服也。注酒爲至醴之。正義曰按士冠禮云若不醴則醮用酒是酌酒爲醮謂之醮者鄭注云酌而無酬酢曰醮皇氏云醴亦無酬酢而云酒無酬酢者以酒有酬酢爲常禮故無酬酢乃謂之爲醮云冠禮醴重而醮輕者按士冠禮適子三加於阼乃醴於客位醴是古之酒故爲重士冠禮又云若庶子則冠於房外南面遂醮焉醮既用酒酒是後代之法故爲輕也按士冠禮若不醴則醮用酒注云若不醴謂國有舊俗可行聖人用焉不改者也如鄭此言則行周禮者適子用醴庶子用醮若用先王舊俗者雖適子與庶子同用醮先王是夏殷也雖在周前因而用也醮之所以異於醴者醴則三加之後揔一醴之醮則每一加而行一醮凡三醮也云酌用酒尊賜也者謂諸侯大夫既受賜服而歸祭告之後使人酌酒以飲已榮上之賜不酬酢也云不醴明不爲改冠者受賜服而來若其改而更冠應從適子之尊冠必酌醴以醴之今既不醴明不改冠也皇氏云謂諸侯及大夫幼弱未冠總角從事當冠之年因朝天子而賜之服故歸還不改冠也義或然也。注饗謂禮之。正義曰按士冠禮醴賓以壹獻之禮此云饗冠者前注云冠者賓及贊者此即是饗賓及贊者此父没而冠按士冠禮云若孤子則父兄戒宿冠之日主人紒而迎賓拜揖讓立于序端則冠身自迎賓皇氏云冠者諸父迎賓非禮也

禮

尚右說

老圃

或言華禮與歐禮皆相反。歐人尚右。而華人尚左。此亦非也。古人制字。卑从ナ可知左爲卑賤。蓋以手足而言。皆右强於左。故以右爲尊。傳曰。天子所右。寡君亦右之。所左。亦左之。此所謂右。即勝訴。所謂左。即敗訴也。漢制皆尚右。如右賢左戚。左官。左遷。皆以左爲輕。唐趙璘因話錄。謂人道尚右。以右爲尊。禮先賓客。故西讓客。主人在東。蓋自卑也。今人或以東讓客。非禮也。觀此。則唐人賓主之禮。猶以右爲上。而當時流俗。則有尚左者矣。

案士冠禮注出以東爲左入以東爲右　士昏禮主人徹几改筵東上　注徹几改筵者鄉爲神今爲人　疏爲神則西上爲人則東上　少牢禮注人東面以南爲上　又上以陽爲上下以陰爲下　檀弓注喪尚右右陰也吉尚左左陽也　士儀禮賈疏自右論尊自右往更出尊右

道之左右據南鄉西鄉爲正見唐風有杕之杜箋子當人君之左今佚故立于右便佐力故立

千古

周書天地尚左地道尚右人道尚中見周禮

禮

儀不可爲禮 左昭五 又昭廿五

禮

儀式

誕生 産婦多 成年 男子雖婦摘 守半人禁忌
隔離 盡其義務享其權利
占卜者於戰國之初在冠字中 結婚 其壽在諸男
占卜者制于國或其知割禮 剃生殖器皮 女者生關係
生後占卜者選（男女內方作）同世家族 死亡 內靜 火葬土葬露葬
社庫入德家族社會共專之地 天葬 保存如不久
保其占卜 保其背地 現給所用物 存喪其友其生後
[redacted] 初座畏死人交予刑狀使右護之
然後共占卜 科九 戰爭 若牧隆 財節
此後各子於祝宗社科

禮

大戴（十三）止

禰

見重於曾祖

一禰祀下婦見舅姑及翁姑姊妹皆立于堂下西面北上是見己注其見重於曾祖及翁以下在位是爲已見不復特見

禮

以摯相見

士相見禮疏：凡以摯相見之法，唯有新升為臣及聘朝及他國之人來主國之臣見，皆執摯相見。常朝及餘會聚皆執笏，無執摯之禮文。執摯此或平敵，或以卑見尊，皆用摯。尊無執摯見卑之法。檀弓云哀公執摯見己之臣周豐，彼謂下賢，非正法也。

札

獻者呂還贄之禮

荀子堯問周公曰吾所執[redacted]贄而見者十人還贄而

相見者三十人

禮

「凡揖皆推手至於撎卽引手爲異也」

秋官司儀疏

禮儀

秋官司儀詔王儀南鄉見諸侯土揖庶姓時揖異姓天揖同姓

注：庶姓無親者也土揖推手小下之也異姓昏姻也時揖平推手也天揖推手小舉之

禮

「祭稱孝子孝孫喪稱哀子哀孫」

雜記上

拜

下曲禮凡非弔喪非見國君無不答拜者

注喪賓不答拜不自賓客也

大夫於士不答拜也非其臣則答拜之大夫於

其臣雖賤必答拜之

臣頓首稽首平敵齊頓首

若答臣大夫禮隨列左

哀十七非天子寡君無所稽首

神

燕於五禮屬嘉　燕禮之首

見燕禮題下疏

禮

「稽顙頭觸地」

士喪禮主人哭拜稽顙成踊注

稽顙而后拜曰喪拜拜而后稽顙曰吉拜

雜記三年之喪以其喪拜非三年之喪以吉拜注

禮

三者三

士喪禮主人哭拜稽顙成踊注成踊三者

三疏三者三凡九踊也

勉案襍記以喪冠者雖三年之喪可也既冠於次入哭

踊三者三乃出

「平敵相於並列則頓首屈於
下則稽首」
春百大祝疏
依上錄節

禮

「禮之通例凡言束者無問脯與錦皆以十為數」

士冠禮主人酬賓束帛儷皮疏

禮

設几授几之法 拂几

儀禮士昏禮之主人拂几疏

禮

「凡授受者授由其右受由其左」

聘禮注

儀禮

十六

禮

升降階の種　越階　歷階　連步　栗階

公食大夫禮　儀禮 廿五　賓栗階升不拜疏

有肯名拜

此儒等三子揖師而行，使揖其父於師中有肯

不拜而其拜名蹲」

有坊不揖而郤克再拜見成公二年

禮

禮辭

士冠禮主人戒賓，賓禮辭許 注禮辭一辭而許，再辭而許曰固辭，三辭曰終辭，不許也

禮

儀禮文辭實以達之禮樂

豐鎬考信録五・二

禮

九禮

大戴本命 冠昏朝聘喪祭賓主鄉飲酒軍旅此之謂九禮也

禮

禮體

禮器：禮也者，猶體也。體不備，君子謂之不成人。設之不當，猶不備也。

禮

坐行膝行

右昭廿七 執羞者坐行而入

禘

君子行禮不求變俗

鄭注謂去已國居他國不當變已國之俗爲士冠禮注則謂國之舊俗今以聖人周屬不段引曲禮之文以明之（蓋不謂別）雖用酒下東自當以儀禮注義爲順

禮

升

禮之通例賓主敵者……俱升……主尊賓卑……

主人升一等賓乃升……聘禮公升二等賓始升

……覲禮王使人勞侯氏使者不讓先升

……士昏禮（儀禮四）

主人以賓升疏

禮

摯

見周官大宗伯　公穀莊廿四

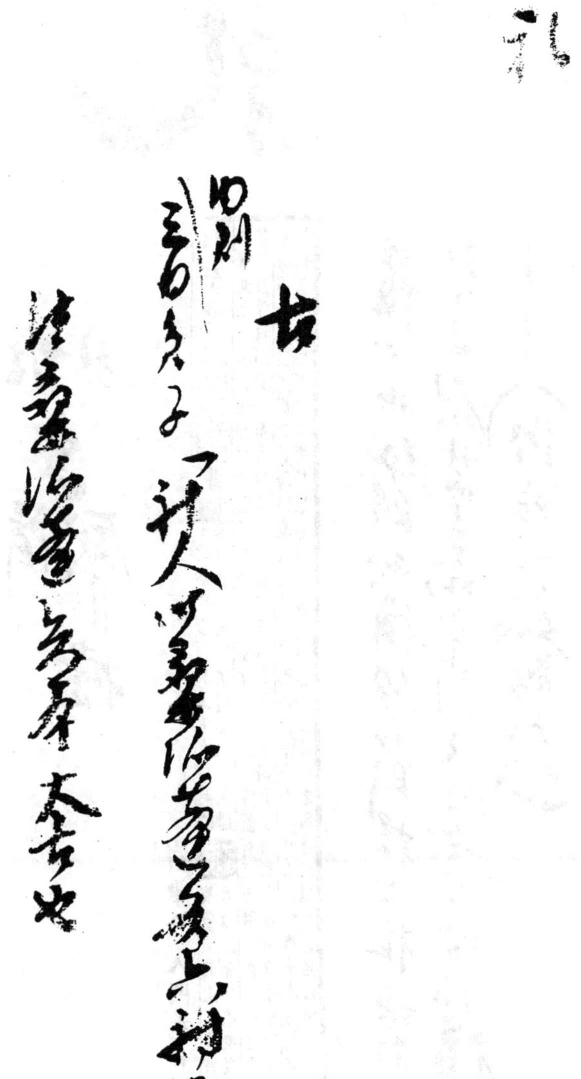

礼

推手曰揖 引手曰厭 撎

賓厭介入門左介厭衆賓入衆賓皆入門左北上皆入門西東面賓之屬相厭變於主人也推手曰揖引手曰厭今文皆作揖又曰衆賓皆入左無門

疏 賓厭至北上○注皆入至無門○釋曰主人入後賓乃厭介介厭衆賓相隨入門皆東面北上定位賓既北上主人西面相向揖訖乃相背各向堂塗介與衆賓亦隨賓至西階下也云賓之屬相厭變於主人也者以賓與介衆賓等自用引手而入故不揖是變於主人也云推手曰揖引手曰厭者厭字或作撎字者古字義亦通也云推手揖者案周禮司儀云土揖庶姓時揖異姓天揖同姓鄭以推手小下之為土揖平推手為時揖推手小舉之為天揖皆以推手為揖又案僖二十年公羊傳荀息進曰虞郭見與虢公揖而進之何休云以手通指曰揖與此別者推手解其厭狀通指道

撎爲揖 鄭注 揖 使所 則 揖也 撎爲厭 乃之也云

引而厭 其所向 引之 云今文皆作揖 也 鄭不從也

（鄉飲酒禮 儀禮八）

礼

九拜
揖撎
[illegible]義將軍不介胄得揖拜

辨九𢷎

一曰稽首二曰頓首三曰空首四曰振動五曰吉𢷎六曰凶𢷎七曰奇𢷎八曰褒𢷎九曰肅𢷎以享右祭祀。稽首拜頭至地也頓首拜頭叩地也空首拜頭至手所謂拜手也吉拜拜而后稽顙謂齊衰不杖以下者言吉者此殷之凶拜周以其拜與頓首相近故謂之吉拜云凶拜稽顙而后拜謂三年服者杜子春云振讀爲振鐸之振動讀爲哀慟之慟奇讀爲奇偶之奇謂先屈一膝今雅拜是也或云奇讀曰倚倚拜謂持節持戟拜身倚之以拜鄭大夫云動讀爲董書亦或爲董振董以兩手相擊也奇拜謂一拜也褒讀爲報報拜再拜是也鄭司農云褒拜今時持節拜是也肅拜但俯下手今時撎是也介者不拜故曰爲事故敢肅使者玄謂振動戰栗變動之拜書曰王動色變一拜荅臣下拜再拜拜神與尸享獻也謂朝獻饋獻也右讀爲侑侑勸尸食而拜。𢷎音拜下同𨄍音啓本又作稽振動如字李音董杜徒弄反今俀人拜以兩手相擊如鄭大夫之說蓋古之遺法奇紀宜反注同褒音報右音又近附近之近動徒弄反倚於綺反下同撎於立反即今之揖爲于僞反使所吏反朝直遥反【疏】辨九至祭祀。釋曰此九拜之中四種是正拜五者逐事生名還依四種正拜而爲之也一曰稽首二曰頓首三曰空首此三者相因而爲之空首者先以兩手拱至地乃頭至手是爲空首也以其頭不至地故名空首頓首者爲空首之時引頭至地首頓地即舉故名頓首一曰稽首其稽稽留之字頭至地多時則爲稽首也此三者正拜也稽首拜中最重臣拜君之拜二曰頓首者平敵自相拜之拜三曰空首拜者君荅臣下拜知義然者按哀十七年公會齊侯盟於蒙孟武伯相齊侯稽首公則拜齊大怒武伯曰非天子寡君無所稽首公如晉孟獻子相公稽首知武子曰天子在而君辱稽首寡君懼矣孟獻子曰以敝邑介在東表密邇仇讎寡君將君是望敢不稽首郊特牲曰大夫之臣不稽首非尊家臣以避君也如是相禮諸侯于天子臣于君稽首禮之正然諸相於大夫之臣及凡自敵者皆當從頓首之拜也如是差之君拜臣下當從空首拜其有敬事亦稽首故大誓云周公曰都懋哉予聞古先哲王之格言以下大子發拜手稽首是其君于臣稽首事洛誥云周公拜手稽首朕復子明辟成王拜手稽首不敢不敬天之休者此即兩相尊敬故皆稽首九曰肅拜者拜中最輕惟軍中有此肅拜婦人亦以肅拜爲正其餘五者附此四種正拜者四曰振動附稽首五曰吉拜附頓首六曰凶拜亦附稽首七曰奇拜附空首八曰褒拜亦附稽首以享侑祭祀者享獻也謂朝踐獻尸時拜侑侑食侑勸尸食時而拜此九拜不專爲祭祀而以祭祀結之者祭祀事重故舉以言之。注稽首至而拜。釋曰稽首拜頭至地頓首拜頭叩地也者二種拜俱頭至地但稽首至地多時頓首至地則舉故以叩地言之謂若以首叩物然云空首拜頭至手所謂拜手也者即尚書拜手稽首云吉拜拜而後稽顙謂齊衰不杖以下者此謂齊衰已下喪拜而云吉者對凶拜爲輕此拜先作稽首後作稽顙顙還是頓首但觸地無容則謂之稽顙云齊衰不杖已下者以其杖齊衰入凶拜中故雜記云父在爲妻不杖不稽顙明知父沒爲妻杖而稽顙是以知此吉拜謂齊衰不杖已下云言吉者此殷之凶拜者按檀弓云拜而后稽顙頹乎其順也稽顙而后拜頎乎其至也三年之喪吾從其至者鄭注云自期如殷可言自期則是齊衰不杖已下用殷之喪拜故云此殷之凶拜也云周以其拜與頓首相近故謂之吉拜者言相近者非謂文相近是拜體相近以其先作頓首后作稽顙稽顙還依頓首而爲之是其拜體相近以其約義故言云以疑之云凶拜稽顙而后拜謂三年服者此雜記云三年之喪即以喪拜非三年喪以其吉拜又檀弓云稽顙而后拜頎乎其至孔子云三年之喪吾從其至者若然上吉拜齊衰不杖已下則齊衰入此凶拜中鄭不言之者以雜記云父在爲妻不杖不稽顙父卒乃稽顙則是適子爲妻有不得稽顙時故畧而不言但適子妻父爲主故適子父在不稽顙則衆子爲妻父在亦稽顙不據衆子常稽顙者據雜記成文杜子春云振讀爲振鐸之振者讀從小宰職振木鐸于朝之振云動讀爲哀慟之慟者謂從孔子哭顏回哀慟之慟云奇讀爲奇耦之奇者謂從郊特牲鼎俎奇籩豆耦之奇已上讀字後鄭皆從之云先屈一膝今雅拜是也或云奇讀曰倚倚拜謂持節持戟拜身倚之以拜此二者後鄭皆不從之鄭大夫云動讀爲董書亦或爲董振之董者此讀從左氏董之以威是董振之董云以兩手相擊此后鄭皆不從云奇拜謂一拜也一拜荅謂君拜臣下按燕禮大射有一拜之時君荅一拜后

鄭從之云褒讀爲報報拜謂再拜是也後鄭亦從鄭司農云褒拜今之持節拜是也者后鄭不從云肅拜但俯下手今時撎是也按儀禮鄉飲酒賓客入門有撎入門之法推手曰揖引手曰撎云介者不拜故曰爲事故敢肅使者按成十六年晉楚戰於鄢陵楚子使工尹襄問郤至以弓郤至見客免胄承命又云不敢拜命注云介者不拜又云君命之辱爲事故敢肅使者三肅使者而退是軍中有肅拜法按成二年鞌之戰獲齊侯晉郤至投戟逡巡再拜稽首軍中得拜者公羊之義將軍不介胄故得有拜法玄謂振動戰栗變動之拜書曰王動色變按中候我應云季秋七月甲子赤雀銜丹書入酆至昌戶再拜稽首受按今文大誓得火烏之瑞使上附以周公書報誥於王王動色變雖不見拜文與文王受赤雀之命同爲稽首拜也云一拜答臣下拜再拜拜神與尸此二者增鄭大夫之義知再拜拜神與尸者按特牲禮祝酌奠於鉶南主人再拜祝在左也再拜於尸謂獻尸尸拜受主人拜送是也天子諸侯亦當然或解一拜答臣下亦據祭祀時以其宴禮君答拜臣或再拜時故也云享獻也謂朝踐饋獻也者以祭祀二灌之後惟有朝踐饋獻稱獻故知享獻據朝踐饋獻時也云右讀爲侑侑勸尸食而拜者按特牲尸食祝侑主人拜少牢主人不言拜侑故知侑尸時有拜

曲礼子

婦人吉事雖有君賜

肅拜爲尸坐則不手拜肅拜爲喪主則不手拜肅拜拜低頭也手拜手至地也婦人以肅拜爲正凶事乃手拜耳爲尸爲祖姑之尸也士虞禮曰男男尸女女尸爲喪主不手拜者爲夫與長子當稽顙也其餘亦手拜而已雖或爲唯或曰喪爲主則不手拜肅拜也○低丁兮反爲夫于僞反

疏 婦人至手拜○正義曰此一節論婦人拜儀婦人吉禮不手拜但肅拜肅拜如今婦人拜也吉事及君賜悉然也○爲尸坐者謂虞祭婦人爲祖姑作尸也周禮坐尸嫌婦人或異故明之也若平常祭無婦人之尸示主於夫故設同几而已則不手拜肅拜者手拜手至地婦人爲尸或荅拜時但肅拜而不手拜也○爲喪主則不手拜者婦人若有喪而不爲主則手拜也若爲夫及長子喪主則稽顙不手拜○注肅拜至拜也○正義曰手拜手至地者解手拜之義言手拜之拜但以手至地則周禮空首案鄭注周禮空首拜頭至手此云手至地不同者此手拜之法先以手至地而頭來至手故兩注不同其實一也云婦人以肅拜爲正者言肅拜是婦人之常而昏禮拜扱地以其新來爲婦盡禮於舅姑故也左傳穆嬴頓首於宣子之門者有求於宣子非禮之正也云凶事乃手拜耳者言婦人除爲喪主其餘輕喪凶事乃有手拜耳鄭知然者以經云爲喪主則不手拜明不爲喪主則手拜故云凶事乃有手拜耳云爲尸爲祖姑之尸也者以士虞禮男男尸女女尸故也若平常吉祭則共以男子一人爲尸故祭統云設同几是也云爲夫與長子當稽顙也者小記文以其稽顙故不手拜云其餘亦手拜而已者除夫與長子之外則上云凶事乃手拜是也云或曰喪爲主則不手拜肅拜也者鄭更引或解之辭云爲喪主不作手拜但爲肅拜與前爲稽顙異違小記正文其義非也○

婦拜

少儀

曲礼

不趨｜無容

兵車不式

介者不拜

摯

執龜筴不趨堂上不趨城上不趨於重器於近尊於迫狹無容也　步張足曰趨。筴音策近附近之近狹音合。武車不式介者不拜兵車不以容禮下人也軍中之拜肅拜。下戸嫁反

少儀

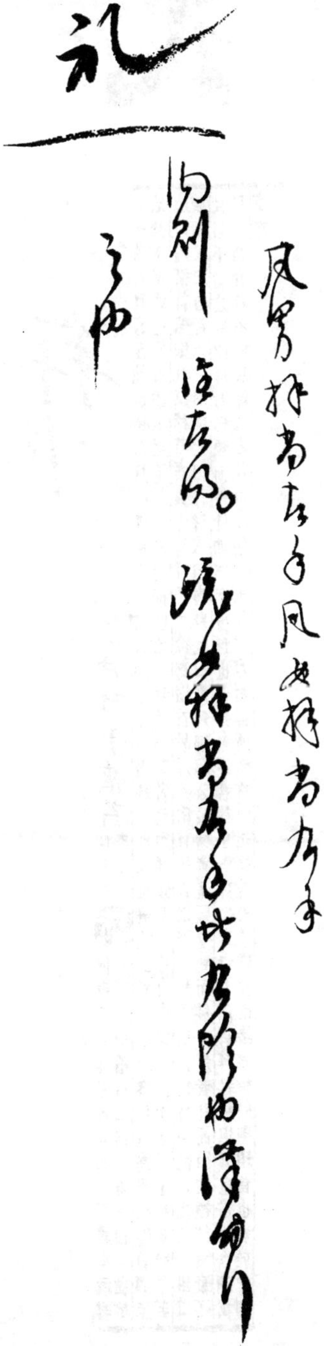

礼

拜

伊尹拜手稽首拜手首至手

疏傳拜手首至手。正義曰周禮太祝辨九拜一曰稽首二曰頓首三曰空首鄭玄云稽首拜頭至地也頓首拜頭叩地也空首拜頭至手所謂拜手也鄭惟解此三者拜之形容所以爲異也稽首頭至地頭下至地也頓首頭下至地暫一叩之而已此言拜手稽首者初爲拜頭至手乃復申頭以至于地至手是爲拜手至地乃爲稽首然則凡爲稽首者皆先爲拜手乃後爲稽首故拜手稽首連言之諸言拜手稽首義皆同也太祝又云四曰振動五曰吉拜六曰凶拜七曰奇拜八曰褒拜九曰肅拜鄭注云振動者戰栗變動而拜吉拜者拜而後稽顙謂齊衰不杖以下者之拜凶拜者稽顙而後拜謂三年喪拜也奇拜者謂君答臣一拜也褒拜者謂再拜拜神與尸也肅拜者謂揖拜也禮介者不拜及婦人之拜也左傳云天子在寡君無所稽首則諸侯於天子稽首也諸侯相於則頓首也君於臣則空首也

孔

婦人扱地‖男子稽首

九拜

王動色變為天拜中振拜

婦拜扱地坐奠菜于几東席上還

又拜如初扱地手至地也婦人扱地猶男子稽首疏注扱地至稽首○釋曰云扱地手至地者以手之至地謂之扱地則首不至手又與男子空首不同云婦人扱地猶男子稽首者婦人肅拜爲正今云扱地則婦人之重拜也猶男子之稽首亦拜中之重故以相況也案周禮大祝辨九拜一曰稽首二曰頓首三曰空首四曰振動五曰吉拜六曰凶拜七曰奇拜八曰褒拜九曰肅拜鄭云稽首拜頭至地也頓首拜頭叩地也空首拜頭至手所謂拜手也吉拜拜而後稽顙謂齊衰不杖以下者言吉者此殷之凶拜周以其與頓首相近故謂之吉拜云凶拜稽顙而後拜謂三年服者振動謂戰栗變動之拜鄭大夫云奇拜謂一拜也褒讀爲報報拜再拜是也鄭玄謂一拜荅臣下拜再拜拜神與尸鄭司農云肅拜但俯下手今時撎是也但九拜之中四者是正拜即稽首頓首空首肅拜是也稽首拜中之重是臣拜君之拜也頓首平敵相與之拜故左氏傳齊侯拜魯侯爲稽首魯君荅以頓首齊於魯貴稽首荅曰天子在無所稽首是臣於君以稽首故燕禮臣與君皆云稽首也空首者君荅臣下拜也肅拜者婦人以肅拜爲正若以男子於軍中亦肅拜故左氏傳晉郤至云敢肅使者是也餘五者皆依於正拜振拜鄭云書曰王動色變者是武王觀兵白魚入王舟王動色變武王於時拜天神爲此拜當稽首也奇拜既爲一拜是君荅臣下之拜當以附空首也褒拜爲尸及神亦當附稽首也其吉拜先吉拜爲頓首後稽顙則吉拜當附頓首也凶拜爲先稽顙後吉拜之此周之三年之喪拜後爲吉拜當附稽首也左氏傳穆嬴抱太子適趙氏頓首於宣子者私求法故不爲肅拜喪小記云婦人爲夫與長子稽顙者爲重喪故亦不肅拜也

孝經礼

儀礼疏

孔

孔子曰：拜而后稽顙，頽乎其順也。此殷之喪拜也。頽，順也。先拜賓，順於事也。○顙，素黨反。稽顙，觸地無容。頽，徒回反。稽顙而后拜，頎乎其至也。此周之喪拜也。頎，至也。先觸地無容，哀之至。○頎，音懇，惻隱之貌，又音戳。觸，音昌欲反。三年之喪，吾從其至者。重者尚哀戚，自期如殷可。

疏 孔子至至者○正義曰：此一節論殷周喪拜之異也。拜者，主人孝子拜賓也。稽顙者，觸地無容也。頽然，不逆之意也。拜是爲賓，稽顙爲己，前賓後已，各以爲顙然而順序也。○稽顙而后拜頎乎其至也者，頎，惻隱貌也。先觸地無容，後乃拜賓也，是爲親痛深貌惻隱之至也。○三年之喪吾從其至者，孔子評二代所拜也。至者，謂先稽顙後拜也。重喪主貌惻隱，故三年喪則從其頎至者也。○注重者至殷可○正義曰：三年之喪尚哀戚，則從周；自期以下，如殷可。此經直云拜而后稽顙、稽顙而后拜，鄭知拜而後稽顙是殷之喪拜、稽顙而后拜是周之喪拜者，於孔子所論，每以二代相對，故下檀弓云殷人旣封而弔，周人反哭而弔，殷以慤，吾從周；又云殷朝而殯於祖，周朝而遂葬，皆以殷周相對，故知此亦殷周相對也。知並是殷周喪拜者，此云三年之喪吾從其至，明非三年喪者則從其順，故知逆是喪拜。但殷之喪拜，自斬衰以下、緦麻以上，皆拜而后稽顙，以其質故也。周則杖期以上皆先稽顙而后拜，不杖期以下乃作殷之喪拜。鄭知殷先拜而后稽顙、周先稽顙而后拜者，以孔子所論皆先殷而後周，今拜而后稽顙文在其上，故爲殷也；稽顙而后拜文在其下，故爲周也。且下檀弓云秦穆公使人弔公子重耳，重耳稽顙而不拜，示不爲後也，若爲後，當稽顙而後拜也。重耳旣在周時，明知先稽顙而後拜者。若然，士喪禮旣是周禮，所以主人拜稽顙，似亦先拜而後稽顙者，士喪禮云拜稽顙者，謂爲拜之時先稽顙，其喪大記每拜稽顙者與士喪禮同。案晉語云秦穆公弔重耳，重耳再拜不稽顙，與下篇重耳稽顙不拜文異者，國語之文不可用。此稽顙而後拜，即大祝凶拜之下鄭注稽顙而後拜，謂三年服者；此拜而後稽顙，即大祝吉拜，鄭注云謂齊衰不杖以下者。鄭知凶拜是三年服者，以雜記云三年之喪以其喪拜，非三年之喪以吉拜，齊衰不杖以下則齊衰杖者亦用凶拜者。知齊衰杖用凶拜者，以雜記云父母在爲妻不杖不稽顙，明父母歿爲妻杖得稽顙也，是知杖齊衰得爲凶拜。若然，雜記云三年之喪以其喪拜，非三年之喪以吉拜，則杖期以下皆用吉拜，今此杖期得用凶拜者，雜記所云大判而言，雖有杖期，摠屬三年之內。熊氏以爲雜記所論是拜問拜賜，故杖期亦屬吉拜。必知然者，以鄭注大祝凶拜云三年服者，是用雜記之文解以凶拜之義，則拜賓、拜問、拜賜不得殊也。且雜記問與賜與於拜文上下不相接次，不可用也。周禮大祝一曰稽首，云頭至地。案中候我應云王再拜稽首，鄭云稽首頭至手也，此即臣拜君之拜，故左傳云天子在，寡君無所稽首，大夫於諸侯亦稽首，故下曲禮云大夫之臣不稽首，則大夫於君得稽首。二曰頓首，鄭曰頓首，頭叩地不停留也，此平敵以下拜也，諸侯相拜則然，以其不稽首，唯頓首也。三曰空首，鄭云頭至手，所謂拜手也，以其與拜手是一，故爲頭至手也，此皆臣下之拜。其敵者既用頓首，故知不敵者用空首。四曰振動，鄭云戰栗變動之拜，謂有敬懼，故爲振動，故尚書泰誓火流爲烏，王動色變是也五曰吉拜者謂先作頓首後作稽顙故鄭康成注與頓首相近六曰凶拜者氣重於吉拜當先作稽顙而後稽首七曰奇拜鄭大夫云奇拜謂一拜也鄭康成云一拜答臣下然燕禮大射公答再拜者爲初敬之爲賓尊之故再拜燕末無算爵之後唯止一拜而已八曰褒拜者鄭大夫云褒讀爲報報拜再拜也鄭康成云再拜拜神與尸九曰肅拜者鄭司農云但俯下手今時撎是也介者不拜引成十六年爲事故敢肅使者此禮拜儀爲空首一拜而已其餘皆再拜也其肅拜或至再故成十六年晉郤至三肅使此肅或謂婦人之拜故少儀云婦人吉事雖有君賜肅拜是也

礼

妇人与丈夫为礼则侠拜

舅坐撫之興荅拜婦還又拜還又拜者還於先拜處拜婦人與丈夫爲禮則俠拜[疏]舅坐至又拜○注還又至俠拜○釋曰云先拜處者謂前東面拜處也云婦人與丈夫爲禮則俠拜者謂若士冠冠者見母母拜受子拜送母又拜母於子尚俠拜則不徒此婦於舅而已故廣言婦人與丈夫爲禮則俠拜

士昏礼冠礼互

礼

稽首拜手共成一拜之礼臣于君乃然

使讓之（譴讓之。譴弃戰反）士蔿稽首而對曰【疏】士蔿稽首。正義曰周禮大祝辨九拜一曰稽首二曰頓首三曰空首鄭玄云稽首拜頭至地也頓首拜頭叩地也空首拜頭至手所謂拜手也鄭唯解此三者拜之形容所以爲異也稽首頭至地頭下緩至地也頓首頭不至地暫一叩之而已尚書每稱拜手稽首者初爲拜頭至手乃復叩頭以至地至手是爲拜手至地乃爲稽首然則凡爲稽首者皆先爲拜手乃成稽首故尚書拜手稽首連言之傳雖不言拜手當亦先爲拜手乃爲稽首稽首拜手共成一拜之禮此其爲敬之極故臣於君乃然孔安國以爲盡禮致敬知此是禮之極盡也大祝九拜又云四曰振動五曰吉拜六曰凶拜七曰奇拜八曰褒拜九曰肅拜鄭玄云振動戰栗變動之拜。拜而後稽顙謂齊衰不杖以下者凶拜稽顙而後拜謂三年服者奇拜謂一拜荅臣下拜褒拜再拜拜神與尸肅拜今時撎也介者不拜詭者又以爲稽首臣拜君也頓首謂敵者相拜也空手謂君荅臣拜也【臣】聞之無喪而感憂必讎焉（讎猶對也）無戎而城讎必保焉（保而守之）寇讎之保又何慎焉守官廢命不敬固讎之保不忠失忠與敬何以事君詩云懷德惟寧宗子惟城（詩大雅懷德以安則宗子之固若城）【疏】詩云至惟城。正義曰詩大雅板之七章懷和也寧安也和其德以撫民則其國惟安矣但能以德安國則宗子之固若城君其脩德而固宗子何城如之（言城不如固宗子）三年將尋師焉焉用慎（尋用也。焉用於虔反）退而賦曰狐裘尨茸一國三公吾誰適從（士蔿自作詩也尨茸亂貌公與二公子爲三君）

僖五

曲礼

○士於大夫不敢拜迎而拜送禮不敵始來拜則士辟也○辟音避下亦辟辟先辟德皆同士於尊者先拜進面荅之拜則走士往見卿大夫卿大夫出迎荅拜亦辟也疏士於至則走○正義曰此一節明士於尊者之法士於大夫不敢拜迎者此謂大夫詣士禮既不敢故士不敢迎而先拜大夫雖拜士則辟之○而拜送者按儀禮鄉射鄉飲酒公食聘禮但是主人送賓者皆主人再拜賓不荅拜鄭注云不荅拜者禮有終故也士於尊者先拜者謂士往詣卿大夫即先於門外拜之也○進面士先於外拜拜竟乃進面親相見也○荅之拜則走者若大夫出迎而荅拜於士則士走辟之也

不敢荅拜

主荅

礼

下不輒拜禮殺
發端言降拜
因上事言下

公坐奠觶荅拜執觶興公卒觶賓下拜小臣正辭賓升再拜稽首

不言成拜者爲拜故下賓未拜也下不輒拜禮殺也下亦降也發端言降拜因上事言下拜 疏 公坐至稽首。注不言至下拜。釋曰自此已下皆云公荅拜不言再拜燕禮皆言公荅再拜不同者燕主歡不用尊卑故公拜皆再拜此射禮主辨尊卑故直云荅拜荅一拜此一拜者正禮也故周禮大祝辨九拜一曰稽首首至地臣拜君法二曰頓首頓首平敵相拜法三曰空首君荅臣下拜後不爲再拜即七曰奇拜是也云下亦降也者此非訓下爲降故以發端言降拜因上事言下拜直因降有上文即云下也經云公卒觶賓下拜者公尊不拜既爵賓降拜君爲君拜既爵也

儀礼十七大射

札

引手自厭

叢札十一卷對禁字原果實注引手自厭、、、、今文皆

曰摘康書

禮一

婦人於丈夫雖其子猶俠拜

書禮（儀禮）母拜受子拜送母又拜注

礼

◎多拜之滑稽

老圃

古人之拜，猶今人之一握手一鞠躬，其事本極簡。其後一拜不已，變爲再拜，如論語之再拜而送，孟子之再拜而受是也。然再拜已極敬。唐時郊天之禮，亦不過再拜。宋司馬光書儀，子孫上書祖父母父母，皆書再拜。北周宣帝以再拜爲未足，詔諸應拜者，皆以三拜成禮。然北夢瑣言載方干連下兩拜，又致一拜，人呼爲方三拜，知三拜爲非常之舉。明會典以三拜爲未足，定百官見東宮及親王行四拜禮，子於父母亦四拜禮。此在古世，僅蘇秦之嫂行之，然四拜與蛇行匍匐並稱，本極不堪之態，明人乃定爲典禮矣。明會典更以四拜爲未足，定臣見君行五拜禮。淸人更以五拜爲未足，又定爲三跪九叩首。三跪九叩首，古所未有，乃若有之，則有申包胥之九頓首。然九頓首與哭不絕聲、勺飲不入口並稱，則亦非典禮也。今人上書於父母尊長，更以三跪九叩首爲未足，書曰頓首百拜。百拜亦古所未有，乃若有之，惟三國時韋昭在獄中上表孫皓，一表稱叩頭百下，一表稱叩頭五百下。以吾所知，叩頭五百下爲最多矣。

冠禮

冠禮

見母（母）拜只八揖，而見即是拜（東塾讀書記）以冠儀禮共參

冠禮一

、漢時士無三種冠故何邵公冠儀約制無三加 東塾讀書記八何邵公条

冠礼

二十而冠——天子諸侯十二而冠——殷、諸侯亦十二——天子子亦二十

大夫無殤服

天子諸侯有冠礼——大戴有公冠篇

冠于五礼屬嘉礼

士冠禮第一 疏

士冠禮第一○鄭目録云童子任職居士位年二十而冠主人玄冠朝服則是於諸侯。天子之士朝服皮弁素積古者四民世事士之子恒爲士冠禮於五禮屬嘉禮大小戴及別録此皆第一○

釋曰鄭云童子任職居士位年二十而冠爲士身加冠知者鄭見下昏禮及士相見皆據士身自昏自相見又大戴禮公冠篇及下諸侯有冠禮夏之末造亦據諸侯身自加冠故鄭據士身自加冠爲目也鄭云四民世事士之子恒爲士者是齊語文彼云桓公謂管仲曰成民之事若何管子對曰四民勿雜處也公曰處士農工商若何管子對曰昔聖王之處士就閑燕也處工就官府也處商就市井也處農就田野也少而習焉其心安焉是四民世事士之子恒爲士也引之者證此士身年二十。加冠法若士之子則四十。彊而仕何得有二十爲士自加冠也二十而冠者鄭據曲禮文二十曰弱冠故云年二十而冠其大夫始仕者二十已冠訖五十乃爵命爲大夫故大夫無冠禮又案喪服小功章云大夫爲昆弟之長殤鄭云大夫爲昆弟之長殤小功謂爲士者若不仕者也以此知爲大夫無殤服也小記云丈夫冠而不爲殤大夫身已加冠降兄殤在小功是身有德行得爲大夫冠不以二十始冠也若諸侯則十二而冠故左傳襄九年晉侯與諸侯伐鄭還公送晉侯以公宴于河上問公年季武子對曰會于沙隨之歲寡君以生注云沙隨在成十六年晉侯曰十二年矣是謂一終一星終也國君十五而生子冠而生子禮也君可以冠矣是諸侯十二而冠也若天子亦與諸侯同十二而冠故尚書金縢云王與大夫盡弁時成王年十五云王與大夫盡弁則知天子亦十二而冠矣又大戴禮云文王十三生伯邑考左傳云冠而生子禮也是殷之諸侯亦十二而冠若夏之天子諸侯與殷天子亦十二而冠可知若天子之子則亦二十而冠故禮記祭法云王下祭殤五又禮記檀弓云君之適長殤車三乘是年十九已下乃爲殤故二十乃冠矣若天子諸侯冠自有天子諸侯冠禮故大戴禮有公冠篇天子自然有冠禮但儀禮之內亡耳士既三加爲大夫早冠者亦依士禮三加若天子諸侯禮則多矣故大戴禮公冠篇云公冠四加者緇布皮弁爵弁後加玄冕天子亦四加後當加衮冕矣案下文云天子之元子猶士天下無生而貴者則天子之子雖早冠亦用士禮而冠案家語冠頌云王大子之冠擬冠則天子元子亦擬諸侯四加若然諸侯之子不得四加與士同三加可知鄭又云冠於五禮屬嘉禮者鄭據周禮大宗伯所掌五禮吉凶賓軍嘉而言宗伯云以嘉禮親萬民下云以昏冠之禮親成男女是冠禮屬嘉禮者也

（從礼一）

冠礼

冠義
諸侯子冠礼
士冠禰廟諸侯太祖廟

凡人之所以爲人者禮義也禮義之始在於正容體齊顏色順辭令言人爲禮以此三者爲始容體正顏色齊辭令順而后禮義備以正君臣親父子和長幼言三始既備乃可求以三行也○長丁丈反下同行下孟反君臣正父子親長幼和而后禮義立立猶成也故冠而后服備服備而后容體正顏色齊辭令順言服未備者未可求以三始也童子之服采衣紒○冠古亂反除下文玄冠及注緇布冠玄冠以外並同紒音計故曰冠者禮之始也是故古者聖王重冠古者冠禮筮日筮賓所以敬冠事敬冠事所以重禮重禮所以爲國本也國以禮爲本○筮市至反蓍曰筮重直用反後同故冠於阼以著代也醮於客位三加彌尊加有成也阼謂主人之北也適子冠於阼若不醴則醮用酒於客位敬而成之也戶西爲客位庶子冠於房戶外又因醮焉不代父也冠

十三經注疏　禮記六十一　冠義　九

者初加緇布冠次加皮弁次加爵弁每加益尊所以益成也○阼才故反著張慮反醮子笑反彌音弥適音嫡醴音禮已冠而字之成人之道也字所以相尊也見於母母拜之見於兄弟兄弟拜之成人而與爲禮也玄冠玄端奠摯於君遂以摯見於鄉大夫鄉先生以成人見也鄉先生同鄉老而致仕者服玄冠玄端異於朝也○見賢遍反下皆同摯本亦作贄同音至鄉大夫鄉先生並音香注同朝直遥反成人之者將責成人禮焉也責成人禮焉者將責爲人子爲人弟爲人臣爲人少者之禮行焉將責四者之行於

人其禮可不重與言責人以大禮者已接之不可以苟少詩照反之行下孟反下同與音餘。故孝弟忠順之行立而后可以爲人可以爲人而后可以治人也故聖王重禮故曰冠者禮之始也嘉事之重者也是故古者重冠重冠故行之於廟行之於廟者所以尊重事尊重事而不敢擅重事不敢擅重事所以自卑而尊先祖也嘉事嘉禮也宗伯掌五禮有吉禮有凶禮有賓禮有軍禮有嘉禮而冠屬嘉禮周禮曰以昏冠之禮親成男女也。弟音悌治直吏反擅市戰反

疏凡人至祖也。正義曰此一節明人之所以相敘加冠之事從始至終各隨文解之。凡人之所以爲人者禮義也者言人之所以得異於禽獸者以其行禮義也禮義之事終身行之。禮義之始在於正容體齊顏色順辭令者言欲一世行禮之始先須正容體齊顏色順辭令爲先也然後可以正君臣親父子和長幼。古者冠禮者此明將冠之時筮日筮賓重冠禮之事又明冠禮三加其冠以漸成人之禮。故冠於阼以著代也者言適子必加冠於阼阼是主人接賓之處今適子冠於阼階所以著明代父之義也。醮於客位三加彌尊加有成也者若依周禮適子醴於客位今云醮者或因先代夏殷之禮醮之用酒於客位室戶外之西必在賓客位者尊以成人若賓客待之三加初加緇布冠次加皮弁冠三加爵弁冠彌漸而尊故云三加彌尊加有成也謂加益有成人之事矣。注阼位至成也。正義曰阼謂主人之北也知者案士冠禮文也云若不醴則醮用酒者亦士冠禮文以周禮之法適子則以醴禮之庶子則以酒醮之若先代之禮雖適子皆以酒醮之其於同時或有舊俗行先代之禮雖適子亦用酒醮則因而行不必改也故鄭注士冠禮云若不醴謂國有舊俗可行聖人用焉不改是也醮者醮盡之義故鄭注士冠禮云酌而無酬酢曰醮是也云庶子冠於房戶外又因醮爲者皆士冠禮文也但此記之作是記儀禮士冠禮之事士禮故三加也若大夫亦同士冠禮云無大夫冠禮古者五十而后爵何大夫冠禮之有是大夫雖冠用士禮若諸侯則有冠禮故左傳云公冠用祼享之禮行之金石之樂節之其加則四加而有玄冕也故大戴禮公冠四加也諸侯尚四加則天子亦當五加袞冕也已冠而字之者此明冠畢加字見母父兄弟及見君之飾以其成人而見人也未冠之前以其名別之既冠之後又改以字且人二十有爲父之道不可復言其名故冠而加字之成人之道也。見於母母拜之故不拜也今唐禮母見子但起立不拜也案儀禮廟中冠子以酒脯奠廟訖子持所奠酒脯以見於母母拜其酒脯重從尊者處來故拜之非拜子也。玄冠玄端奠摯於君者此玄冠玄端則異於朝服之衣但玄端上士則玄裳中士則黃裳下士則雜裳以其初成人故著玄端異於朝服也若朝服則素裳奠摯奠之於君也。遂以摯見於鄉大夫鄉先生者以摯謂以雉也故士相見禮冬用雉夏用腒見於鄉大夫謂在朝之鄉大夫也鄉先生謂鄉者而致仕也。成人之者此明加冠成人之義必成人者將責成人禮焉冠責以成人之事若成人事立可以治人也是冠者爲治之本故先王重之行之於廟士行之於禰廟故士冠禮注廟謂禰廟既在禰廟此云尊先祖者尊禰即尊先祖之義且下士祖禰共廟其諸侯則冠於太祖之廟故左傳云先君之祧以處之聘禮不腆先君之祧鄭注以爲始祖之廟則天子當冠於始祖廟也服虔注左傳先君之祧處之以爲曾祖廟者以左傳魯襄公冠於衛成公之廟衛成公則當今衛君獻公曾祖服虔望時解之故以祧爲曾祖非鄭義也

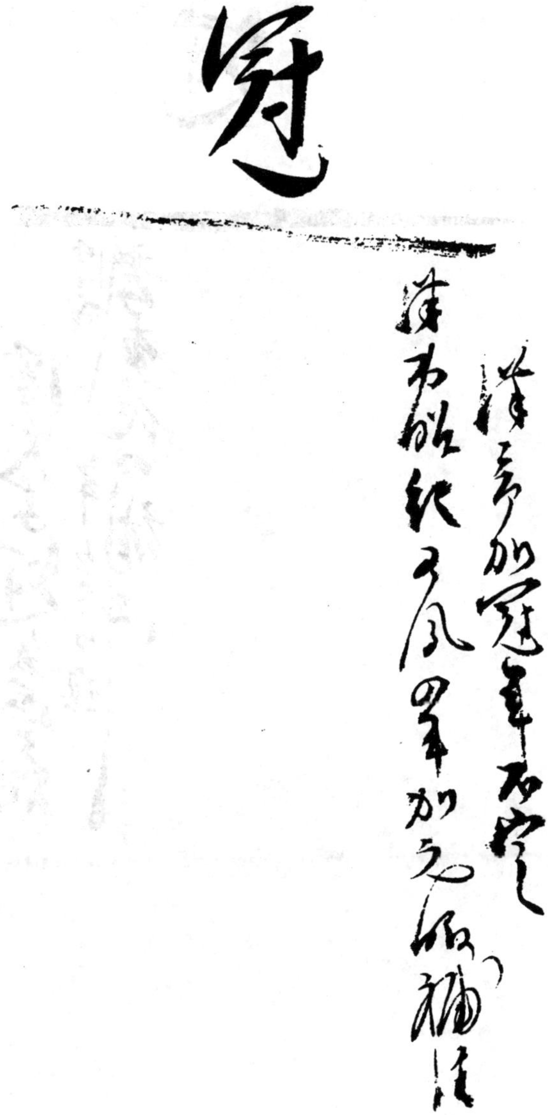
冠

冠

漢天子冠年當考

漢書孝惠紀年皇帝冠補注

射板壺博

投壺

曲禮

壬

尊長不問年　遇于道不請所之　喪俟事

畫地

操扇

尊長臥侍辭當跪不立

○尊長於已踰等不敢問其年踰等父兄黨也問年則已恭孫之心不全。孫音遜本亦作遜同。燕見不將命不自不用賓主之正來則若子弟然。見賢遍反下請見同遇於道見則面可以隱則隱不敢煩動也不請所之尊長所之或卑褻。褻息列反喪俟事不犆弔亦不敢故煩動也事朝夕哭時。特本亦作犆音特侍坐弗使不執琴瑟不畫地手無容不翣也端慤所以爲敬也尊長或使彈琴瑟則爲之可。畫胡麥反翣本亦作萲所角反盧云扇也。慤苦角反。寢則坐而將命命有所傳辭也坐者不敢臨之侍射則約矢不敢與之拾取也。射食夜反下注客射同拾其劫反。侍投則擁矢不敢釋於地也投投壺也投壺坐。勝則洗而以請洗爵請行觴不敢直飲之。飲音蔭客亦如之。客射若投壺不勝主人亦洗而請之。勝詩證反。不角角謂觥罰爵也於尊長與客如獻酬之爵○觥古横反。不擢馬擢去也謂徹也已徹馬嫌勝故薄之。擢直角反。

疏尊長至擢馬。○正義曰此一節論卑幼奉命於尊長諸雜之義。○燕見不將命者謂卑幼私燕而見不使擯者將傳其命無賓主之禮。○遇於道見則面者若於道路遇逢尊者尊者若見已已則面見若尊者不見已已則隱也。不請所之者雖面自見而不得問尊者何處往也。喪俟事不犆弔者謂弔於尊長喪法也俟事謂待主人朝夕哭時也不犆弔謂不非時而獨弔也。侍坐弗使不執琴瑟者卑侍尊者之法也侍坐於尊尊者若不使已已則不得執琴瑟而鼓之若使已則得執之也。不畫地者盧云不敢無故畫地也。手無容者盧云不弄手也。不翣也者盧云翣扇也雖熱亦不敢搖扇也此皆端慤所以爲敬。○寢則坐而將命者寢臥也坐跪也若尊者臥而侍者若傳辭當跪前不可以立恐臨尊者。○侍射則約矢者矢箭也凡射必計耦先設楅在中庭楅者兩頭爲龍頭中央共二身而倚箭於楅身上上耦前取一矢下耦又進取一如是

十三經注疏　禮記三十五　少儀　十四

更進各得四箭而升堂插三於要而手執一隻若卑者侍射則不敢更拾進取但一時并取四矢故云則約矢也○侍投則擁矢者投投壺也擁抱也矢謂投壺箭也若柘若棘爲之投壺禮亦賓主各四矢從委於身前坐一一取之若卑者侍投則不敢釋置於地但手并抱投之也故鄭云不敢釋於地庾云擁抱己所當投矢也隱義云尊者委四矢於地一一取以投卑者不敢委於地悉執之也○勝則洗而以請者若敵射及投壺竟司射命酌而勝者當應曰諾而勝者弟子酌酒南面以置豐上豐在西階上兩楹之西而不勝者下堂揖讓升堂就西階上立北面就豐上取爵將飲之而跪之曰賜灌灌猶飲也而勝者立於不勝者東亦北面跪而曰敬養若卑者得勝則不敢直酌當前洗爵而請行觴然後乃行也○客亦如之者客若不勝則主人亦洗而請如卑侍之法所以優賓也○不角者角謂行罰爵用角酌之也詩云酌彼兕觥是也今飲尊者及客則不敢用角但如常獻酬之爵也○不擢馬者擢去也徹也投壺立籌爲馬馬有威武射者所尚也凡投壺每一勝輒立一馬至三馬而成勝但頻勝馬三難得若一朋得三馬一朋得一馬於是二馬之朋徹取一馬者足以爲三馬以成定勝也今若卑者朋雖得二馬亦不敢徹尊者馬足成已勝也

射礼

正鵠

賓東來是公陳爲

二賓射及正鵠解

村社

燕、村即具鄉村爲中心依一類事末尾參讀謹七

羌村及巨鄉鄉

鄉射

駁敖氏石還石還說

實事求是齋
經義一

附一 決鞢極遂錄之癸巳類稿二

時礼之

癸巳存稿二

射（樂）（詩）

射以應樂爲難——天射何不無應樂

第一二三番射　當獲不釋算　釋算不作樂　釋算又用樂

鼓亦樂節——存于投壺

貍首——與采蘋——逸詩

衆射者繼拾取矢皆如三耦遂入于次釋弓矢説決拾襲反位司射猶挾一个以作射如初一耦揖升如初司馬升命去侯負侯許諾司馬降釋弓反位司射與司馬交于階前倚扑于階西適阼階下北面請以樂于公公許請奏樂以爲節也始射獲而未釋獲復釋獲復用樂行之君子之於事也始取苟能中課有功終用成法教化之漸也射用應樂爲難孔子曰射者何以聽循聲而發發而不失正鵠者其唯賢者乎疏注請奏至者乎○釋曰云請奏樂以爲節也者謂若天子騶虞九節諸侯貍首七節大夫采蘋士采蘩皆五節云始射獲而未釋獲者謂第一番三耦射中時雖唱獲未釋算云復釋獲者謂第二番衆耦皆射釋算未作樂云復用樂行之者謂第三番射非直釋算復用樂焉云射用應樂爲難者但禮射其容體比於禮其節奏比於樂又須中於侯名爲應樂節云孔子曰者禮記射義文引之者證射用應樂而爲難之意司射反搢扑東面命樂正曰命用樂言君有命用樂射也樂正在工南北面疏注言君至北面○釋曰云樂正在工南北面者此時工在洗東西面樂正在工南北面司射在西階下東面經云命樂正者東面遥命之樂正曰諾司射遂適堂下北面視上射命曰不鼓不釋不與鼓節相應不釋算也鼓亦樂之節學記曰鼓無當於五聲五聲不得不和凡射之鼓節投壺其存者也周禮射節天子九諸侯七卿大夫以下五疏注不與至下五○釋曰引學記者證鼓得與樂爲節之事云凡射之鼓節投壺其存者也者射之鼓節多少無文案今禮記投壺篇圖出魯鼓薛鼓云取半以下爲投壺節盡用之爲射節是其投壺存者云周禮射節天子九以下者是射人樂師皆有此文引之者證射節多少上射揖司射退

反位樂正命大師曰奏貍首間若一樂正西面受命左還東面命大師以大射之樂章使奏之也貍首逸詩曾孫也貍之言不來也其詩有射諸侯首不朝者之言因以名篇後世失之謂之曾孫曾孫者其章頭也射義所載詩曰曾孫侯氏是也以爲諸侯射節者采其既有弧矢之威又言小大莫處御於君所以燕以射則燕則譽有樂以時會君事之志也間若一者調其聲之疏數重節疏上射至若一○注樂正至重節○釋曰云貍首逸詩曾孫也者以其貍首是篇名曾孫是章頭知者以其射義上文云其節天子以騶虞諸侯以貍首卿大夫以采蘋士以采蘩以類言之騶虞采蘋是篇名貍首篇名可知射義下文諸侯君臣盡志於射又云故詩曰曾孫侯氏四正具舉小大莫處御於君所注云此曾孫之詩諸侯之射節也四正正爵四行也四行者獻賓獻公獻卿獻大夫乃後樂作而射也上云貍首下云曾孫曾孫章頭也是以鄭云曾孫其章頭射義所載曾孫侯氏是也云後世失

之謂之曾孫者以曾孫爲篇名是失之云曾孫其章頭也是正世人也云小大莫處已下則燕則譽以上皆射義文彼注以燕以射先行燕禮乃射是也云間若一者調其聲之疏數重節者謂九節七節五節中間相去或希疏或密數中間使如一必疏數如一者重此樂故也大師不興許諾樂正反位奏貍首以射三耦卒射賓待于物如初公樂作而后就物稍屬不以樂志其他如初儀不以樂志君之射儀遲速從心其發不必應樂辟不敏也志意所擬度也春秋傳曰吾志其目疏大師至初儀○注不以至其目○釋曰此經云如初者皆如上第二番射法唯作樂爲異耳云辟不敏也者若以樂志不與樂節相應則見君不敏今不以樂志遲速從心其發不必應樂是辟不敏也引春秋傳者定八年左氏傳文正月公侵齊門于陽州其時魯人顏息射人中眉退曰我無勇吾志其目也服氏注云志中其目是非其誠詐以自矜引之者證志是意所擬度也

討

極｜韝指利放弦

拾以韝襦上

小射正坐奠笥于物南

十三經注疏 儀禮十八 大射 三十

遂拂以巾取決興贊設決朱極三極猶放也所以韜指利放弦也以朱韋爲之三者食指將指無名指無極放弦契於此指多則痛小指短不用小臣正贊袒公袒朱襦卒袒小臣正退俟于東堂小射正又坐取拾興贊設拾以笥退奠于坫上復位既袒乃設拾拾當以韝襦上

疏注既袒至襦上○釋曰案上文設決訖乃云公袒朱襦始云小臣正贊設拾拾當拾斂肩體宜在朱襦之上故鄭云既袒乃設拾拾當以韝襦上鄉射云袒決遂以其無襦故遂與決得俱時設若大夫對士射袒纁襦設遂亦當在袒後

勉案手套之大者其如作韝

司射西面命曰中離維綱揚觸梱復公則釋獲衆則不與離猶過也獵也侯有上下綱其邪制躬舌之角者爲維或曰維當爲絹絹綱耳揚觸者謂矢中他物揚而觸侯也梱復謂矢至侯不著而還復復反也公則釋獲優君也正當中鵠而著古文梱作魁

疏司射至不與○注離猶至作魁○釋曰中謂中侯注不言可知云離猶過也獵也者謂矢過獵因著維與綱二者云侯有上下綱其邪制躬舌之角者爲維者案梓人云上綱與下綱出舌尋縜寸焉注綱所以繫侯於植者也上下皆出舌一尋者亦人張手之節也鄭司農云縜籠綱者維持侯者若然則綱與維皆用繩爲之又以布爲縜籠綱然後以上个下个邊緻著縜兩頭以綱繫著植維者於上个下个上下躬兩頭皆有角又以小繩綴角繫著植故矢或離綱或離維也云或曰維當爲絹絹綱耳者鄭更爲一解絹則維也云絹綱耳者以絹爲綱耳離著絹也云衆當中鵠者大射鵠則梓人云張皮侯而棲鵠是也

侯之綱与維

射

大史俟于所設中之西東面以聽政中未設也大史俟焉將有事也鄉射禮曰設中南當福西當序東面疏大史至聽政○注中未至東面○釋曰注引鄉射者欲見大史位之所在在此也

司射西面誓之曰公射大侯大夫射參士射干射者非其侯中之不獲卑者與尊者為耦不異侯大史許諾誓猶告也古文異作辭疏司射至許諾○注誓猶至作辭○釋曰卑者尊者射不異侯言此者以其誓云君射大侯大夫射參侯士射干侯恐與尊為耦亦各射己侯故覆言此賓與君為耦同射大侯士與大夫為耦同射參侯以其既與尊者為耦不可使之別侯別侯者則非耦類故也

遂比三耦比選次之也不言面者大夫在門右北面士西方東面疏遂比三耦○注比選至東面○釋曰云不言面者以下云面故決之云大夫在門右北面士西方東面者仍依朝位以其設朝之班位以來其位未改明知司射命誓及比次須還依舊位司射面皆向之而比次也若耦及侯數天子大射賓射六耦三侯畿內諸侯則二侯四耦畿外諸侯大射賓射皆三侯三耦但諸侯畿外畿內各有一申一屈故畿外三侯遠尊得申與天子同三耦則屈畿內二侯近尊則屈四耦則申若燕射則天子諸侯俱同三耦一侯而已以其燕私屈也若如大夫士俱同一侯三耦畧言之數備禮記射義也

三耦俟于次北西面北上未知其耦今文俟為立疏三耦至北上○注未知至為立○釋曰云未知其耦者下經始命之故云未知其耦若然此經已言面位者三耦雖未知與誰為耦要知為三耦故立於此

耦及侯數——卑与尊耦亦射尊侯

儀禮十七大射

射

君射袒朱襦

君在大夫射肉袒

君與射則爲下射袒朱襦樂作而后就物君尊小臣以巾授矢稍屬君尊不搢矢不以樂志辟不敢也既發則小臣受弓以授弓人俟復發也不使大射正燕射輕上射退于物一笥既發則荅君而俟荅對若飲君燕則夾爵謂君在不勝之黨賓飲之如燕媵觚則又夾爵疏若飲君燕則夾爵○釋曰夾爵者將飲君先自飲及君飲訖又自飲爲夾爵君在大夫射則肉袒不纏襦厭於君疏注不纏襦厭於君○釋曰鄉射記大夫對士射袒纏襦此對君肉袒故云厭於君也

燕禮の儀禮十四

射

（續出）（續前文）

鄉侯
布幅廣二尺二寸除縫外
侯人之形非不象臂足
中人比臂八尺足之六

鄉侯上个五尋上个謂最上幅也八尺曰尋上幅用布四丈疏鄉侯上个五尋○注上个至四丈○釋曰以五尋尋八尺五八四十故四丈也**中十尺**方者也用布五丈今官布幅廣二尺二寸旁削一寸考工記曰梓人爲侯廣與崇方謂中也疏中十尺○注方者至中也○釋曰云方者也者謂侯中正方十尺云用布五丈○今官布幅廣二尺二寸旁削一寸者鄭意此言十尺用布五幅幅廣二尺二寸兩畔各削一寸爲縫幅各二尺在故五幅爲一丈也漢法幅二尺二寸亦古制存焉故舉以爲況若然周禮鄭志純三只只八寸二尺四寸者據繒幅也士喪禮云亡則以緇長半幅注云半幅一尺終幅二尺亦謂繒而幅二尺者幅有二種喪禮畧用其狹者故周禮鄭云凡爲神之衣物必沽而小是也引梓人者彼據三侯侯中皆廣與崇方引之證經十尺是方也**侯道五十弓弓二寸以爲侯中**言侯中所取數也量侯道以貍步而云弓者侯之所取數宜於射器也正二寸骹中之博也今文改弓爲肱也疏侯道至侯中○注言侯至肱也○釋曰云言侯中所取數也者謂侯中大小取數于侯道云量侯道以貍步者大射文故彼云以貍步張三侯是用步耳而云弓者六尺爲步弓之下○制六尺與步相應而云弓者侯之所取數宜於射器也故此經云弓也云正二寸者骹中之博也者案周禮弓人云骹解中有變焉謂弓弣把中側骨之處博二寸故於此處取數焉**倍中以爲躬**躬身也謂中之上下幅也用布各二丈疏倍中以爲躬○注躬身至二丈○釋曰身謂中上中下各横接一幅布者故鄭云中之上下幅用布各二丈也**倍躬以爲左右舌**謂上个也居兩旁謂之个左右出謂之舌疏倍躬以爲左右舌○注謂上至之舌○釋曰言謂上个者對下个不得倍躬故謂上个也云兩旁謂之个在躬之兩傍則謂之个云左右出謂之舌謂躬外兩相各出一丈若人舒舌故下云下舌半上舌據出者而言也**下舌半上舌**半者半其出於躬者也用布三丈所以半上舌者侯人之形類也上个象臂下个象足中人張臂八尺張足六尺五八四十五六三十以此爲衰也凡鄉侯用布十六丈數起侯道五十弓以計道七十弓之侯用布二十五丈二尺道九十弓之侯用布三十六丈疏注半者至六丈○釋曰半者半其出

於躬者也者以其言舌故知半其出者也云用布三丈者上舌兩相各一丈今下舌兩相各五尺通躬二丈故云用布三丈也云侯人之形類也者人形上廣下狹故也云五八四十據上个四丈五六三十據下个三丈以此上下爲衰差也云凡鄉侯用布十六丈數起侯道五十弓以計者用布十六丈者中五幅幅一丈用布五丈上下躬各二丈摠四丈上个四丈下个三丈是摠十六丈也云道七十弓之侯用布二十五丈二尺者道七十弓弓取二寸二七十四侯中丈四尺七幅幅有丈四尺中用布九丈八尺上下躬各用布二丈八尺上下摠用布五丈六尺上个倍躬爲五丈六尺下舌半上舌上舌出者兩相各出丈四尺下舌半之兩相各出七尺下舌用布一丈四尺通躬二丈八尺摠計用布四丈二尺也通計用布二十五丈二尺云道九十弓之侯用布三十六丈者弓取二寸九十弓侯中丈八尺侯中用布九幅幅別丈八尺中用布十六丈二尺倍中以爲躬上下躬各用布三丈六尺上下摠七丈二尺倍躬以爲左右舌上舌用布亦七丈二尺下舌亦半上舌上舌出者丈八尺下舌半之則下舌摠用布五丈四尺以此計之摠用布三十六丈也

箭籌八十 箭篠也籌筭也筭八十者略以十耦爲正貴全數其時衆寡從賓 疏 箭籌八十○注箭篠至從賓○釋曰云箭篠也者謂以箭爲籌射之耦隨賓多少今言八十舉成數以十耦爲文但一者數之始十者數之終以十耦爲成數也

長尺有握握素 握本所持處也素謂刊之也刊本一膚 疏 長尺有握握素○注握本至一膚○釋曰云長尺復云有握則握在一尺之外則此籌尺四寸矣云刊本一膚者公羊傳僖三十一年云膚石而出膚寸而合不崇朝而徧雨乎天下者唯泰山爾何休云側手爲膚又投壺云室中五扶注云鋪四指曰扶一指案寸皆謂布四指一指一寸四指則四寸引之者證握膚爲一謂刊四寸也

射（訓詁）（選官）（學制）（風俗）

侯〻獸侯〻皆畫首頭於正鵠首〻不來者之首

采侯

躍畫一

凡畫皆畫雲氣

丹質於赤　朱〻赤

射於庠　御射識於庠戎於序

物〻畫謂君子所履處

小國　鄉大夫一　竹長不〔過〕一年務

七尺四

八尺日尋皆是正文

凡侯天子熊侯白質諸侯麋侯

赤質大夫布侯畫以虎豹士布侯畫以鹿豕此所謂獸侯也燕射則張之鄉射及賓射當張采侯二正而記此者天子諸侯之燕射各以其鄉射之禮而張此侯由是

云爲白質赤質皆謂采其地其地不采者白布也熊麋虎豹鹿豕皆正面畫其頭象於正鵠之處耳君畫一

臣畫二陽奇陰偶之數也燕射射熊虎豹不忘上下相犯射麋鹿豕志在君臣相養也其畫之皆毛物之 疏 凡侯至鹿豕。

注此所至物之。釋曰云此所謂獸侯也者周禮梓人云張獸侯以息燕注云息者休農息老物也燕謂勞使臣若與羣

臣飲酒而射是也云燕射則張之者燕禮大射正爲司射如鄉射之禮是諸侯燕用鄉射之禮故云燕射則張之也天子

雖無文據記天子燕射記明天子燕射亦用鄉射之法也云鄉射及賓射當張采侯二正者案周禮射人掌賓射大夫士

同二正是賓射二正鄉射無文知亦采侯二正者周禮賓射與賓客爲射此鄉射雖與鄉人習禮亦如賓主行射禮又非

十三經注疏　儀禮十二　鄉射禮　兲一

私相燕勞故約與賓射同也言采侯者梓人云張五采之侯則遠國屬是賓射之侯故云采侯也云而記此者天子諸侯

之燕射各以其鄉射之禮者以天子自用鄉射之禮諸侯自用鄉射之禮大夫士亦各隨其君用鄉射之禮也用鄉射之

禮謂張侯道五十步及三耦一與鄉射同云張此侯則經獸侯是也云由是云爲者謂由是用鄉射法故云獸侯於此鄉

記也云白質赤質皆謂采其地者案周禮掌蜃云共白盛之蜃則此以蜃灰塗之使白爲地赤質者亦以赤塗之使赤爲

地云不采者白布也者謂大夫士直云布侯者也云熊麋虎豹鹿豕皆正面畫其頭者知皆畫首者以其言貍首者射不

來者之首明此獸侯等亦正面畫其頭也云象於正鵠之處耳者案梓人云參分其廣而鵠居一焉據大射之侯若賓射

之侯則三分其侯正居一焉若燕射之侯則獸居一焉故云象其正鵠之處耳云君畫一臣畫二陽奇陰偶之數也者禮

記郊特牲云君之南鄉荅陽之義也臣之北面荅君也是君陽臣陰又天一生水地二生火是一二陰陽之數故云君一

臣二陽奇陰偶之數也云燕射射熊虎豹不忘上下相犯者三者皆猛獸不苟相下若君臣之道亦獻可者替否者不苟

相從輒當犯顏而諫似獸等故用之云射麋鹿豕志在君臣相養也者案內則云麋鹿豕皆有軒並是可食之物故云相

養也云其畫之皆毛物之者此無正文但畫五三三正之侯各以其色明畫獸侯亦以毛物畫之可知也凡畫者丹質賓射之侯燕射之侯皆畫雲氣於側以爲飾必先以丹采其地丹淺於赤 疏 凡畫者質丹。

注賓射至於赤。釋曰云賓射之侯燕射之侯者此鄉射以采侯二正是賓射之侯也此獸侯也又是燕射之侯故鄭並

言之云皆畫雲氣於側以爲飾者鄭解經凡言畫者皆畫雲氣故以雲氣解之也蓋象雲色若賓射之侯天子九十步侯

朱白蒼黃玄五正者還畫此五色雲氣於其側七十步侯朱白蒼三正者還畫此三色雲氣於其側五十步侯朱綠二正

者還畫此二色雲氣於其側以爲飾也云必先以丹采其地者欲畫此五色三色雲氣時必先用丹采此地乃於其上畫

雲氣也天子侯九十步之內更有七十五十步侯畿內諸侯七十步侯內更有五十步侯畿外諸侯者之九十步侯之內

更有七十五十步侯其畫之采皆如其數也以侯數非一尊卑又不同故云凡以廣之言凡畫雲氣以丹爲質地者也云

丹淺於赤者案月令云乘朱路駕赤騮載赤旂衣朱衣朱與赤互言之即爲一物又案冬官鍾氏云以朱湛

丹秫四入爲朱色深而湛丹秫故知丹淺於赤鄭言此者欲見以丹爲地丹上得見赤色雲之義故言此也射自楹閒。

物長如笴其閒容弓距隨長武自楹閒者謂射於庠也楹閒中央東西之節也物謂射時所立處也謂之物者物猶事也君子所有事也長如笴者謂從畫之長短也笴矢幹也長三尺與跬

相應射者進退之節也閒容弓者上下射相去六尺也距隨者物橫畫也始前足至東頭爲距後足來合而南面爲隨武跡也尺二寸疏射自至長武。注自楹至二寸。釋曰云自楹閒者謂射於庠也知者以其言楹閒則是庠則物當楣故知非射於序者也云楹閒中央東西節也者以其楹閒北面無限東楹西楹相當故知東西之節也云長如笴者謂從畫之長短也者其下有距隨爲橫此言物長又是從迹之稱故知南北之長短也云笴矢幹也長三尺者以矢人職得知也云與距相應者禮記祭義云故君子跬步而弗忘孝也一舉足謂之跬再舉足謂之步步射者履物不過一跬故知以三尺爲限也云距隨者物橫畫也始前足至東頭爲距後足來合而南面爲隨者謂上射下射並足處皆然言長武武跡也中人之跡尺二寸謂橫尺二寸也

序則物當棟堂則物當楣是制五架之屋也正中曰棟次曰楣前曰庪疏序則至當楣。注是制至曰庪。釋曰云是制五架之屋也者庠序皆然但有室無室爲異

命負侯者由其位於賤者禮畧疏命負至其位。釋曰其位者正據司馬自在已位遙命之遙命者由負侯者賤畧之故也對司射比耦則就其位經無司馬命負侯之位故記之也

凡適堂西皆出入于司馬之南唯賓與大夫降階遂西取弓矢尊者宜逸由便也

旌各以其物旌總名也雜帛爲物大夫士之所建也言各者鄉射或於序或於謝疏旌各以其物。注旌總至於謝。釋曰云旌總名也者以周禮司常云九旗對文通帛爲旜雜帛爲物全羽爲旞析羽爲旌各別今名物爲旌者散文通故云旌總名也云雜帛爲物大夫士之所建也者司常文通帛者通體並是絳帛周所尚赤也雜帛者中絳緣邊白也白殷之正色故鄭彼注云言先王正道佐職也云各者鄉射或於庠或於謝者諸侯鄉大夫是大夫詢衆庶射於庠射於謝於序是諸侯州長是士春秋習射于謝大夫士同建物而云各者雖同建物仞則大夫五仞士三仞不同故云各也

無物則以白羽與朱羽糅杠長三仞以鴻脰韜上二尋無物者謂小國之州長也其鄉大夫一命其州長士不命不命者無物此翿旌也翿亦所以進退衆者糅雜也杠橦也七尺曰仞鴻鳥之長脰者也八尺曰尋今文糅爲縮韜爲翿疏無物至二尋。注無物至爲翿。釋曰云無物者謂小國之州長也者案典命子男之卿再命大夫一命士不命大夫一命得建物士不命則無物是以不得與上各以其物同別爲此旌云此翿旌也者據下文士鹿中翿旌也下云君國中射則皮樹中以翿旌獲此不命士與國君同者士卑不嫌命士以上尊卑自異也云翿亦所以進退衆者此非直用之於獲案喪大記君葬時執翿居前詔傾虧亦所以進退衆人也云七尺曰仞者無正文鄭案書傳云雉長三丈高一丈則牆高一丈禮記祭義云築宮仞有三尺牆高一丈云仞有三尺除三尺之外只有七尺故知七尺曰仞也王肅則依小爾雅四尺曰仞孔君則八尺曰仞所見不同也云鴻鳥之長脰者也者脰則項也云八尺曰尋者亦無正文冬官云車有六等之數云殳長尋有四尺長丈二而云尋有四尺除四尺則尋長八尺矣

祔（祭）

祔與祭異同稱，然與祭若同節，應則亦有用其舉節。

儀禮士虞禮祔祝曰祔爾于皇祖某甫（尚）故向學者當以之以為搭手處。

射(樂)

御射奏騶虞し 鄉注騶虞官

上射揖司射退反位樂正東面命大師曰奏騶虞閒若一東面者進還鄉大師也騶虞國風召南之詩篇也射義曰騶虞者樂官備也其詩有一發五豝五豵于嗟騶虞之言樂得賢者衆多歎思至仁之人以充其官此天子之射節也而用之者方有樂賢之志取其宜也其他賓客鄉大夫則歌采蘋閒若一者重節 疏 上節至若一○注東面至重節○釋曰云東面者進還鄉大師也者以其大師西面樂正北面明知進身鄉大師乃命之云此天子之射節也者周禮射人而知云取其宜也

者騶虞喻得賢者多此鄉射亦樂賢故云取其宜也云其他賓客鄉大夫則歌采蘋者采蘋是鄉大夫樂節其他謂賓射與燕射若州長他賓客自奏采蘩若然此篇有鄉大夫州長射注則同用騶虞以其同有樂賢之志也云閒若一者重節者閒若一謂五節之閒長短希數皆如一則是重樂節也大師不興許諾樂正退反位乃奏騶虞以射三耦卒射賓主人大夫衆賓繼射釋獲如初卒射降皆應鼓與歌之節乃釋筭降者衆賓 疏 大師至射降○注皆應至衆賓○釋曰云樂正退反位者反工南北面位也云降者衆賓者夾御射時賓與主人大夫卒射皆升堂此降者衆賓也

御射礼夜礼十二

射

の矢

御射礼(役行十二)將乘矢 注將行四行の矢當右手拇の方

疏云當右拇の方時諸云の矢反手以御 乘手 且在の矢へ

右手於の方

射（從刑）

凡袒皆左免衣惟受刑袒右

射之司馬　司射

鄉射以主人之吏

司射適堂西袒決遂取弓于階西兼挾乘矢升

自西階階上北面告于賓曰弓矢既具有司請射司射主人之吏也於堂西袒決遂者主人無次隱蔽而已袒左免衣也決猶闓也以象骨爲之著右大擘指以鉤弦闓體也遂射韝也以韋爲之所以遂弦者也其非射時則謂之拾拾斂也所以蔽膚斂衣也方持弦矢曰挾乘矢四矢也大射曰挾乘矢於弓外見鏃於弣右巨指鉤弦古文挾皆作接

【疏】司射至請射○注司射至作接○釋曰云司射取弓于階西兼挾乘矢者以其司射之弓矢豫陳於西階故司射於堂西袒決遂訖即取弓矢於階西是以下記云司射之弓矢與扑倚于西階之西是也云有司請射者此有司謂司馬故大射云司射自阼階前曰爲政請射注爲政謂司馬司馬政官主射禮諸侯之州長無司馬官直言有司請射以比司馬也云司射主人之吏也者大射諸侯禮有大射正爲長射人次之司射又次之小射正又次之皆是士爲之則此大夫士禮不得用士故知是主人之吏爲之可知云於堂西袒決遂者主人無次隱蔽而已者此對大射人君禮有次在東方不須適堂西也云袒左免衣也知袒左者凡事無問吉凶皆袒左是以士喪主人左袒此及大射亦皆袒左不以吉凶相反唯有受刑袒右故覲禮云乃右肉袒于廟門之東注云右肉袒者刑宜施於右是也云決猶闓也以象骨爲之者大射注亦然案繕人云掌王之用弓弩矢箙矰弋決拾鄭注云士喪禮決用正王棘若檡棘則天子用象骨與無正文故引士喪禮又言與以疑之若然諸侯及大夫生用象死用棘天子無問死生皆用象者蓋取其滑也云著右大擘指以鉤弦闓體也知者以右巨指鉤弦故知著於右大擘指也以右擘著極是以大射云朱極三注云以朱韋爲之三者食指將指無名指是也云遂射韝也以韋爲之以遂弦者也者大射注亦云遂射韝也以朱韋爲之著左臂所以遂弦也云其非射時則謂之拾拾斂也所以蔽膚斂衣也者此篇及大射將射云袒決遂射訖則云說決拾於公雖射亦謂之拾故大射云公就物小射正奉決拾以笥大射正執弓皆以從於物彼亦臨時而云拾以公射袒朱襦言拾以見斂衣故變文以見義也云所以蔽膚斂衣也者言蔽膚據士斂衣據大夫已上是以下記大夫與士射袒纁襦燕禮記云君射袒朱襦若對君大夫亦與士同亦蔽膚也云方持弦矢曰挾知者下記云凡挾矢於二指之間橫之是言其方可知引大射挾乘矢於弓外見鏃於弣是其方也若側持弓矢則名執故下文云司射猶袒決遂左執弓右執一个兼諸弦面鏃注云側持弓矢曰執面猶尚也并矢於弦尚其鏃是也云乘矢四矢也者下云司射搢三挾一个又詩云四矢反兮是四矢曰乘凡物四皆曰乘也引大射者欲見挾爲方持弦矢

司正爲司馬兼官由便也立司正爲洗酒爾今射司正無事

疏 司正爲司馬○注兼官至無事○釋曰言兼官者若以諸侯對大夫大夫兼官諸侯具官特以諸侯對天子天子具官諸侯兼官各有所對故云兼官云由便也者使司正爲司馬不須餘官也案射義云孔子射於矍相之圃射至於司馬使子路執弓矢出延射又使公罔之裘序點揚觶而語但此篇是州長春秋習射法兼士有卿大夫三年貢士之後以五物詢衆庶射於庠鄉大夫五物詢衆而引孔子射於矍相之事則孔子習之鄉大夫也以其天子鄉鄉大夫爲之諸侯鄉大夫使下大夫爲之是其差也但鄉飲酒之禮二人舉觶爲無筭爵據此篇未旅先射射訖行旅酬酬訖賓始二人舉觶爲無筭爵未射時詢衆庶得使公罔之裘序點二人揚觶者揚觶賓在射後三酬訖始行之今孔子詢衆庶之時借取無筭爵時於旅也語故使公罔之裘序點二人揚觶以詢衆庶此篇司射恒執弓矢子路亦執弓矢則子路爲司射也射於矍相時云射至司馬此文又云司正爲司馬則使子路詢衆庶時當此節也

大夫與士射袒纁襦○注不肉袒殊於耦

孔 從 孔 射 侯 孔 射 注 居 云

君在大夫射則肉袒 注不袒纁襦○厭於君也今文無射

祔

祔之弟子

御祔禮（御禮十一）命弟子納祔器　使弟子實之

年廿以內

卹謝

陳以卹謝禮

卹謝禮（係雜十二）主人服喪乃除去衰衣服出迎再拜主人答拜再拜退客送至門〻〻〻今那回此

卹謝禮後無服與禮為異

射

侯象人 綱其足

中人之迹尺二寸

漢礼云五武成步步六尺

乃張侯下綱不及地武侯謂所射布也綱持舌繩也武迹也中人之迹尺二寸侯象人綱即其足也是以取數焉

疏乃張至地武○注侯謂至數焉○釋曰此已下論預張侯之事鄭知侯用布案下記云獸侯大夫士皆言布侯則餘賓射大射其侯皆用布此鄉射采侯二正亦用布可知云綱持舌繩也者周禮梓人云上綱與下綱出舌尋縜寸焉注云綱所以繫侯於植者也故云綱持舌繩也云武迹也中人之迹尺二寸者無正文蓋目驗當時而言似云中人之迹拒圖九寸也漢禮云五武成步步六尺或據此而言也云侯象人者案鄭注梓人云上下皆出舌一尋者亦人張手之節也以其張侯之法下兩舌半上舌兩頭綱皆出一尋即是上廣下狹象人張足六尺張臂八尺故云象人也云綱即其足也者謂經下綱象足云是以取數焉者以下綱象足張之六

尺是取數

廣求也

（鄉射記）儀礼十一

石明

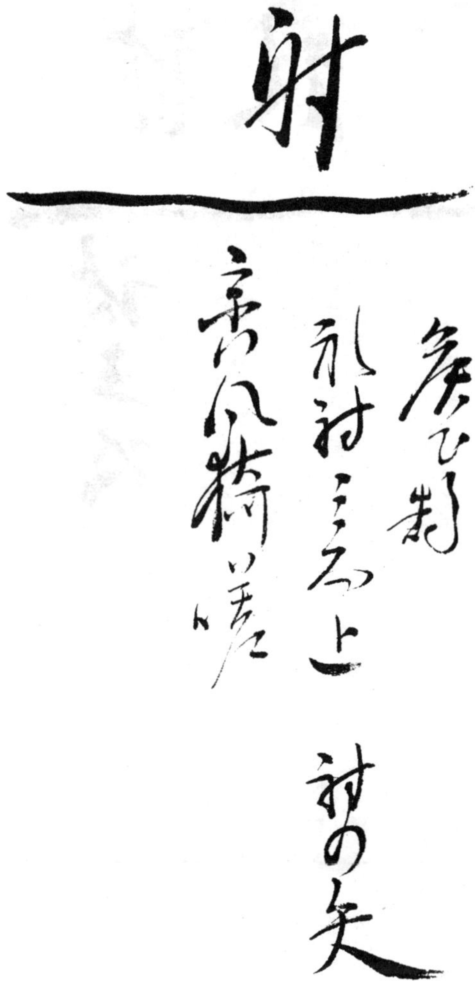
射

札材

諸手段

訃

士大夫訃禮格見 天子諸侯大夫士卜了了

（詳射了呢望見書第）

投壺

投壺有言辭與

晉侯以齊侯晏中行穆子相穆子荀吳投壺晉侯先穆子曰有酒如淮有肉如坻淮水名坻山名。淮舊如字四瀆水也學者皆以淮坻之韻不切云淮當爲濰濰齊地水名下稱澠亦是齊國水也案澠是齊水齊侯稱之荀吳既非齊人不應遠舉維水古韻綏作淮足得無勞改也坻直疑反徐直夷反詩云宛在水中曰坻坻水中高地也疏投壺正義曰禮記有投壺之禮其文無相者兕辭此中行穆子與齊侯皆有言辭者投之中否似若有神故設爲此語或可投時皆有言語禮自不載之耳伯瑕責穆子唯言壺何爲焉其以中爲儁責其失辭不云法不言是投壺皆有言也凡宴不射即爲投壺投壺之禮壺去席二矢半司射執八算東面投壺如射三而止其矢室中五扶堂上七扶庭中九扶鋪四指曰扶扶四寸也算長尺二寸壺頸脩七寸腹脩五寸口徑二寸半容斗五升壺中實小豆焉爲其矢之躍而出也小豆取滑且堅矢以柘若棘毋去其皮取其堅且重也舊說矢大七分。注淮水名坻山名。正義曰杜以淮爲水名當謂四瀆之淮也劉炫以爲淮坻非韻淮當作濰又以坻爲水中之地以規杜氏今知不然者以古之爲韻不甚要切故詩云汎彼柏舟在彼中河髧彼兩髦實維我儀又云爲絺爲綌服之無斁儀河斁綌尚得爲韻淮坻相韻何故不可此若齊侯之語容可舉齊地濰水此是穆子在晉何意舉齊地水乎又酒肉相對多少相似案爾雅小洲曰陼小陼曰沚小沚曰坻何得以坻之小地對淮之大水故杜以坻爲山名劉炫又以山無名坻者案楚子觀兵於坻箕之山坻非山乎劉以此規杜失非也

昭十二

司宮尊侯于服不之東北兩獻酒東面南上皆加勺設洗于尊西北篚在南東肆實一散于篚爲大侯獲者設尊也言尊侯者獲者之功由侯也不於初設之者不敢必君射也君不射則不獻大侯之獲者散爵名容五升疏司宮至于篚○注爲大至五升○釋曰自此盡侯而侯論設尊獻服不之事云不於初設之者不敢必君射也君不射則不獻大侯之獲者若然此設大侯之獲者君不射則不設之不豫設者不敢必君射案上張侯先設大侯君射大侯張之必君射者但聖人設法一與一奪以大射者爲祭擇士所以助祭人君不可不親故奪其尊使之必射故豫張大侯至此設大侯之尊君射訖乃設之者許其自優暇容有不射之理是以不射則不設射乃設之云散爵名容五升者案韓詩傳云一升曰爵二升曰觚三升曰觶四升曰角五升曰散是其散容五升也

司馬正洗散遂實爵獻服不言服不者著其官尊大侯也服不司馬之屬掌養猛獸而教擾之者洗酌皆西面疏司馬至服不○注言服至西面○釋曰云服不者著其官尊大侯也者自此已前皆以事名之於此而言服不著其官言尊大侯故也云服不司馬之屬者以其服不在大司馬下六千官之屬者云掌養猛獸而教擾之者猛獸熊羆之屬教之使擾馴人意象王者服不服諸侯使歸服王者云洗酌皆

西面者以其設尊設洗皆東面故知洗爵酌酒皆西面向之也若然獻旅食尊後酌者爲背君此西面不嫌背君以其南統於侯故也服不侯西北三步北面拜受爵近其所爲獻疏
服不至受爵○注近其所爲獻○釋曰云近其所爲獻者以其服不得獻由侯所爲故不近乏而近侯獻之故云近其所爲獻也司馬正西面拜送爵反位不侯卒爵畧賤也此終言之獻服不之徒
乃反位疏司馬至反位○注不侯至反位○釋曰云不侯卒爵畧賤也者案上文獻服不訖又案下文卒祭左个之西北三步東面設薦俎立卒爵若然卒爵禮祭侯訖今司馬反位在未祭侯之前故畧賤也云此終言之獻服不之
徒乃反位者但大侯尊服不與其徒二人共在獲所獻服不亦兼獻徒此經唯見獻服不不見獻其徒即云司馬反位明獻徒後始反位是以知反位者終言之其實獻徒後乃反位故下注云司馬正皆獻之是也宰夫有司
薦庶子設折俎宰夫有司宰夫之吏也鄉射記曰獲者之俎折脊脅肺疏宰夫至折俎○注宰夫至脅肺○釋曰云宰夫有司宰夫之吏也者諸侯宰夫是士而宰夫有司明是宰夫之吏府史也引鄉射
記者此俎實無文故引之爲證卒錯獲者適右个薦俎從之不言服不言獲者國君大侯服不負侯其徒居乏之待獲變其文容二人也司馬正皆獻之薦俎已錯乃適右个明此獻已已歸功於
侯也適右个由侯內鄉射記曰東方謂之右个疏卒錯至從之○注不言至右个○釋曰云國君大侯服不負侯其徒居乏之待獲變其文容二人也者案上注云天子服不氏下士一人徒四人掌以旌居乏之待獲鄭言容二人者欲見服
不與徒二人皆得獻故鄭云司馬正皆獻之云適右个由侯內者以其既祭左个大祭右个乃祭於中故云適右个由侯內獲者右執爵右祭薦俎二手祭酒祭俎不奠爵不備禮也二
手祭酒者獲者南面於俎北當爲侯祭於豆間爵反注爲一手不能正也此薦俎之設如於北面人焉天子祝侯曰唯若寧侯無或若女不寧侯不屬於王所故抗而射女強飲強食貽女曾孫諸侯百福諸侯以下祝辭未聞疏獲者
至祭酒○注祭俎至未聞○釋曰云祭俎不奠爵不備禮也者言祭俎者謂祭俎上肺但肺有二種此云祭是祭肺也非是離肺知者案鄉射記云獲者之俎折脊脅肺臑又曰釋獲者之俎折脊脅肺皆有祭則此俎祭肺亦離肺若然凡祭祭
肺皆不奠爵是其常云此不奠爵不備禮者但祭肺離肺兩有祭肺不奠爵若空有祭肺亦不奠爵今祭俎不奠故云不備禮云天子祝侯曰以下周禮梓人文云諸侯以下祝辭未聞知諸侯不與天子祝辭同而云未聞者以本所射侯天子
中之則能服諸侯諸侯中之則得爲諸侯若天子云抗而射女諸侯則不得云抗而射女是以知祝辭有異但未聞耳適左个祭如右个中亦如之先祭个後中者以外即之至中若神在中
鄉射禮曰獻獲者俎與薦皆三祭疏注鄉射至三祭○釋曰以其左右及中故三者皆三祭非謂一處有三祭卒祭左个之西北三步東面此鄉受獻之位也不北面者嫌爲侯卒爵
疏卒祭至東面○注此鄉至卒爵○釋曰云不北面者嫌爲侯卒爵者前服不受獻之時侯西北面者欲歸功於侯故也今卒爵雖同舊處而東面者以其前受獻爲已今卒爵還爲已卒爵故東面是以云不北面者嫌爲侯卒爵也
設薦俎立卒爵不言不拜既爵司馬正已反位不拜可知也鄉射禮曰獲者薦右東面立飲疏設薦至卒爵○注不言至立飲○釋曰云不言不拜既爵司馬正已反位不拜可知也者決鄉射獲者薦右東
面立飲不拜既爵此則不言之以其司馬在對司馬不拜既爵司馬已反位不拜既爵可知故不言引鄉射禮者此不言立位之處當同鄉射薦者東面立司馬師受虛爵洗獻隸僕人與

巾車獲者皆如大侯之禮隸僕人埽侯道巾車張大侯及參侯干侯之獲者其受獻之禮如服不也隸僕人巾車於服不之位受之功成於大侯也不言量人者此自後以及先可知疏司馬至之禮○注隸僕至可知○釋曰云隸僕人埽侯道者謂君射時初埽之時亦是隸僕人也云巾車張大侯者舉尊者而言其參侯干侯亦張之是以上文司馬遂命量人巾車張三侯此直云大侯舉尊而言也○云及參侯干侯之獲者以其上文以獻大侯服不獲者明此經獲者是參侯豻侯可知云隸僕人巾車於服不之位受之知者以其隸僕人巾車素無其位而經云如大侯之禮明就大侯之位受獻是以鄭云功成於大侯也云不言量人者此自後以及先可知者案上張侯之時先言量人後言巾車君射之時乃有隸僕人埽侯道○受獻先言隸僕人後言量人是自後以及先隸僕尚得獻明量人在巾車之先得獻可知

臣正辭賓升再拜稽首公荅再拜賓坐祭卒爵再拜稽首公荅再拜賓降洗象觶升酌膳以致下拜小臣正辭升再拜稽首公荅再拜公卒觶賓進受觶降洗散觶升實散下拜小臣正辭升再拜稽首公荅再拜賓復酌自飲者夾爵也但如致爵則無以異於燕也夾爵亦所以恥公也所謂若飲君燕則夾爵疏注賓復至夾爵。釋曰云所謂若飲君燕則夾爵者言所謂鄉射文彼云燕者則此經夾爵也賓坐不祭卒觶降奠于篚階西東面立不祭象射爵疏注不祭象射爵。釋曰案上文受罰者取爵於豐飲之不祭此云君爵不祭是以賓飲夾爵亦不祭皆與射同故云象擯者以命升賓賓升就席擯者司正也今文席爲筵若諸公卿大夫之耦不勝則亦執弛弓特升飲此耦亦謂士也特猶獨也以尊與卑爲耦而又不勝使之獨飲若無倫匹孤賤也衆皆繼飲射爵如三耦射爵辯乃徹豐與觶徹除也

但在勝黨雖不飲爵者不數中亦不得助祭以其飲罰爵一黨而言取其助祭取一身之藝義故不同也 小射正作升飲射爵者如作射一耦出揖如升射及階勝者先升升堂少右 先升尊賢也少右辟飲者亦因相飲之禮然 【疏】注先升至禮然。釋曰云亦因相飲之禮然者案鄉飲酒鄉射獻酬之禮獻者在右酬者在左故云亦也 不勝者進北面坐取豐上之觶興少退立卒觶進坐奠于豐下興揖 立卒觶不祭不拜受罰不備禮也右手執觶左手執弓 【疏】注立卒至執弓。釋曰案鄉飲酒皆祭坐卒爵拜既爵故此決之受罰不備禮也云右手執觶左手執弓者以其執弛弓不釋於地明知未飲時兩手執弓今受罰爵右手執爵爲便左手執弓可知 不勝者先降 後升先降略之不由次也降而少右復竝行 【疏】不勝者先降。注後升至竝行。釋曰云後升先降略之不由次也者案上文勝者先升此文不勝者先降故云略之不由次云降而少右復竝行者見下文與升飲者相左明降至堂下此二人少右復竝行以其辟升者在左故也 與升飲者相左交于階前相揖適次釋弓襲反位僕人師繼酌射爵取觶實之反奠于豐上退俟于序端 僕人師酌者君使之代弟子也自此以下辯爲之酌 升飲者如初三耦卒飲若賓諸公卿大夫不勝則不降不執弓耦不升 此耦謂士也諸公卿或闕士爲之耦者不升其諸公卿大夫相爲耦者不降席重恥尊也 【疏】若賓至不升。注此耦至尊也。釋曰知此耦謂士者以大夫坐於上士立於下經云耦不升故云此耦謂士也是以鄭解其意云諸公卿或闕士爲之耦者不升其諸公卿大夫相爲耦者不降席以其大夫在堂上故云不降席云重恥尊也者解士不升大夫已上不降席意以其卑者對飲尊者是可恥之事不對飲是重恥尊者也 僕人師洗升實觶以授賓諸公卿大夫受觶于席以降適西階上北面立飲卒觶授執爵者反就席 雖尊亦西階上立飲不可以己尊枉正罰也授爵而不奠豐尊大夫也 【疏】注雖尊至夫也。釋曰云不可以己尊枉正罰也者正罰謂上文飲者在左勝者在右於西階之上北面跪取豐上之觶飲之是也今雖不敢於豐亦於西階北面是不可以己尊枉正罰也 若飲公則侍射者降洗角觶升酌散降拜 侍射賓也飲君則不敢以爲罰從致爵之禮也 【疏】若飲至降拜。注侍射至禮也。釋曰云侍射賓也者以其賓與君對射耦自相飲故知侍射者賓也云飲君則不敢以爲罰從致爵之禮也者罰爵如上文罰者飲之而已今則從燕臣致爵於君之禮下文所謂夾爵者是也但此經云角觶與上文觶皆是三升曰觶觶與角連故謂之角觶或單言角或單言觶是以禮記少儀云侍射則約矢侍投則擁矢勝則洗爵而請不角注云角謂觥罰爵也於尊長與客如獻酬之爵又詩云我姑酌彼兕觥毛傳云兕觥角爵箋云兕觥罰爵是其角觶兕觥皆罰爵此角觶以兕角爲之非謂四升曰角者也若然此角觶對下文飲君云象觶故云角觶謂賓酌如兕自飲君即下文賓降洗象觶亦從獻酬之爵不敢用罰爵也 公降一等小

射（礼）（飲在）

司射命設豐當飲不勝者射爵 疏 司射命設豐○釋曰

自此盡徹豐與觶論二番射訖行射爵之事 司宮士奉豐由西階升北面坐設于西楹西降復位勝者之弟子洗觶升酌散南面坐奠于豐上降反位弟子其少者也不授者射爵猶罰爵畧之 疏 注弟子至畧之○釋曰自此以上其疏見於鄉射於此不復言云不授者射爵猶罰爵畧之者案詩云兕觥其觩言酒思柔注云觩陳設貌觥罰爵不手授此飲射爵亦不手授故云猶罰爵也案獻酬之爵皆手授之此不手授故云畧之也若然士以下飲罰爵者取於豐大夫已上皆手授尊之故下注云授爵而不奠豐尊大夫也其三耦之內雖大夫亦取於豐者以其作三耦與衆耦同事故不復殊之 司射遂袒執弓挾一个搢扑東面于三耦之西命三耦及衆射者勝者皆袒決遂執張弓執張弓言能用之也右手挾弦不勝者皆襲說決拾卻左手右加弛弓于其上遂以執弣固襲說決拾矣復言之者起勝者也不勝者執弛弓言不能用之也兩手執弣無所挾也 疏 注固襲至挾也○釋曰云固襲說決拾矣復言之者起勝者也者起其勝者更袒決遂故復言不勝襲說決拾欲與勝者相起復發故復言之也 司射先反位居前俟所命入次而來飲 三耦及衆射者皆升飲射爵于西階上不勝之黨無不飲 疏 注不勝之黨無不飲○釋曰以其經云三耦及衆射者皆升飲射爵者言升之明知不勝之黨無不飲但大射者所以擇士以助祭今若罰爵在於不勝之黨雖數中亦受罰及其助祭雖飲射爵亦得助祭

罰爵——於君行致爵之禮

獻酬之爵手授，罰爵不——但大夫宜亦手授

勝（不勝）者（中、不中）亦當飲（不當飲）仍得助祭

角‖觶‖角觶‖壽曰觶‖四升曰角

兕觥亦罰爵

討

子曰君子無所爭必也射乎孔曰言於射而後有爭揖讓而升下而飲王曰射於堂升及下皆揖讓而相飲其爭也君子馬曰多筭飲少筭君子之所爭疏子曰至君子○正義曰此章言射禮有君子之風也君子無所爭者言君子之人謙卑自牧無所競爭也必也射乎者君子雖於他事無爭其或有爭必也於射禮乎言於射而後有爭也揖讓而升下而飲者射禮於堂將射升堂及射畢而下勝飲不勝其耦皆以禮相揖讓也其爭也君子者射者爭中正鵠而已不同小人厲色援臂故

曰其爭也君子○注孔曰言於射而後有爭○正義曰鄭注射義云飲射爵者亦揖讓而升降勝者袒決遂執張弓不勝者襲說決拾卻左手右加弛弓於其上而升飲君子恥之是以射則爭中是於射而後有爭○注王曰至相飲○正義曰云射於堂升及下皆揖讓而相飲者儀禮大射云耦進上射在左並行當階北面揖及階揖升堂揖皆當其物北面揖及物揖射畢北面揖揖如升射是射時升降揖讓也大射又云飲射爵之時勝者皆袒決遂執張弓不勝者皆襲說決拾卻左手右加弛弓于其上遂以執弣揖如始升射及階勝者先升升堂少右不勝者進北面坐取豐上之觶立卒觶坐奠於豐下興揖不勝者先降是飲射爵之時揖讓升降也○注馬曰多至所爭○正義曰云多筭飲少筭者筭籌也鄉射記曰箭籌八十長尺有握握素是也多筭謂勝者少筭謂不勝者勝飲不勝而相揖讓故曰君子之所爭也

作

詩

禮詩不錄中

寰宇初平以後條

射

決極

決用正王棘若檡

棘組繫纊極二 決猶闓也挾弓以橫執弦詩云決拾既次正善也王棘與檡棘善理堅刃者皆可以爲決極猶放弦也以沓指放弦令不挈也生者以朱韋爲之而三死用纊又二明不用也古文王爲玉今文檡爲也世俗謂王棘矺鼠

疏 ○注決猶至矺鼠○釋曰云挾弓以橫執弦者方持弓矢曰挾未射時已然至射時云挾弓以橫執弦也引詩者證決是闓弦之物云王棘與檡棘者科用其一皆得依此法以闓弦故用二者云以沓

指放弦令不挈也者謂以此二者與決爲藉令弦不決挈傷指耳云生者以朱韋爲之而三者大射所云朱極三者是也彼但爲君設文引證此士喪則尊卑生時俱三皆用朱韋死者尊卑同二用纊

士喪禮

投壺

投壺如射亦三而止
勝者[illegible]馬并再勝者

正爵既行，請立馬，馬各直其算，一馬從二馬以慶。慶禮曰：三馬既備，請慶多馬。賓主皆曰：諾。飲不勝者畢司射又請爲勝者立馬當其所釋算之前三立馬者投壺如射亦三而止也三者一黨不必三勝其一勝者并其馬於再勝者以慶之明一勝不得慶也飲慶爵者偶親酌不使弟子無豐○直如字又持吏反爲于僞反

正爵既行，請徹馬。投壺禮畢可以去其勝算也既徹馬無算爵乃行○去音起呂反

疏正爵至徹馬○正義曰此一經論飲不勝者畢司射請爲勝者立馬以表顯賢能之事○正爵既行者謂正禮罰酒之爵既行飲畢之後司射乃請賓主請爲勝者樹標立其馬也○馬各直其算者直當也謂所立之馬各當其初釋算之前所釋之算東中之西也○一馬從二馬者投壺與射禮同亦三番而止每番勝者則立一馬假令賓黨三番俱勝則立三馬或賓黨兩勝而立二馬主黨一勝但立一馬即以主黨從就賓黨二馬以少足益於多以助勝者爲榮○以慶者一馬從二馬之後乃以慶賀多馬故云以慶但此經上云請立馬者是司射請辭馬各直其算一馬從二馬以慶是禮家陳事之言也慶禮曰三馬既備請慶多馬者以還是司射請辭言爲慶之禮勝者三馬既已備具請酌酒慶賀於多馬者賓主皆曰諾者無問勝與不勝皆稱曰諾○注飲不至無豐○正義曰云投壺如射亦三而止也者以投壺射之類故知亦三番而止案鄉射禮初番三耦射但唱獲而已未釋算亦未飲不勝者第二番耦射畢賓主之黨皆射畢乃數算飲不勝者第三番三耦及賓主等皆射中鼓節乃釋算飲爵○今投壺初則不立三耦唯賓主三番而止云三者一黨不必三勝者解一馬從二馬之意言或賓或主之黨黨中不必三番得勝故以一勝之馬并其馬於再勝者以慶之明一勝者不得慶也云飲慶爵者偶親酌不使弟子無豐者以飲不勝之時賤其無能故偶不親酌使弟子酌奠於豐上則鄉射禮所云者是也今既尊賢當須親酌手自授之故知不使其弟子無豐也皇氏以爲三番而止者謂三耦投壺而止案鄉射禮每番皆三耦而止今云三耦投壺而止非其義也○正爵既行請徹馬

正義曰此明飲慶爵之後司射請徹去其馬以投壺禮畢行無算爵之事

投壺

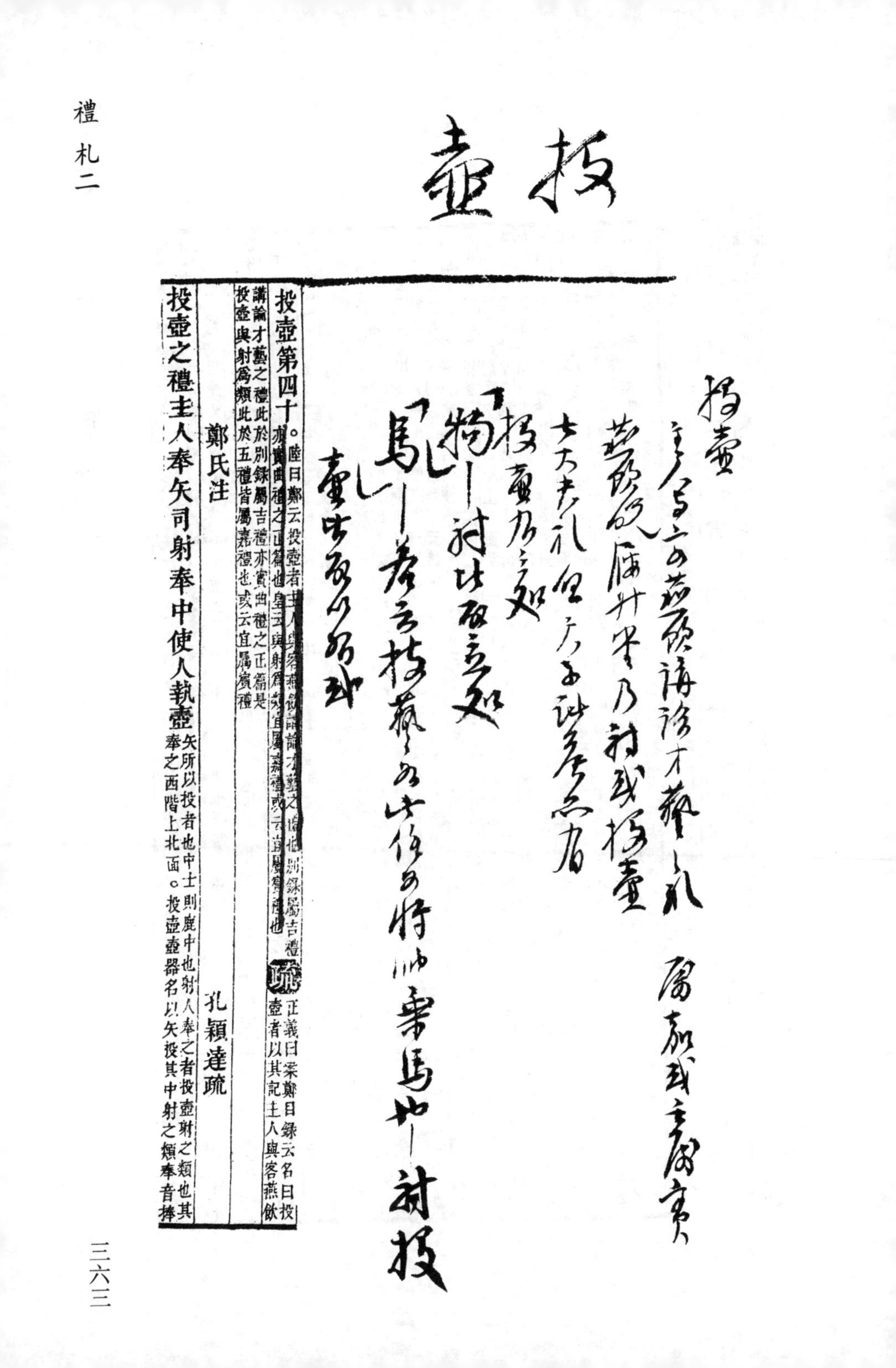

投壺

投壺第四十。陸曰鄭云投壺者主人與客燕飲講論才藝之禮也此於別録屬吉禮亦實曲禮之正篇也皇云與射爲類宜屬嘉禮或云宜屬賓禮也 疏 正義曰案鄭目録云名曰投壺者以其記主人與客燕飲講論才藝之禮此於別録屬吉禮亦實曲禮之正篇是投壺與射爲類此於五禮皆屬嘉禮也或云宜屬賓禮

鄭氏注　　孔穎達疏

投壺之禮主人奉矢司射奉中使人執壺 矢所以投者也中士則鹿中也射人奉之者投壺射之類也其奉之西階上北面。投壺壺器名以矢投其中射之類奉音捧

芳勇反下及注皆同徐音如字下奉中同主人請曰某有枉矢哨壺請以樂賓賓曰子有旨酒嘉肴某既賜矣又重以樂敢辭燕飲酒既脫屨升堂主人乃請投壺也否則或射所謂燕射也枉哨不正貌爲謙辭。枉紆往反哨七笑反徐又以救反枉哨不正貌王肅云枉不直哨不正也樂賓音洛下同一讀上以樂音岳言投壺以樂肴戶交反重直用反下及注同稅本亦作脫吐活反請七井反下文同主人曰枉矢哨壺不足辭也敢固以請賓曰某既賜矣又重以樂敢固辭固之言如故也言如故辭者重辭也主人曰枉矢哨壺不足辭也敢固以請賓曰某固辭不得命敢不敬從不得命不以命見許

疏 投壺至敬從。正義曰此一節論燕禮脫屨升堂之後主人請投壺於賓賓辭及許之事。主人奉矢者謂於阼階之上西面奉持其矢知西面者以賓在西故知西面對賓也。司奉中者中謂受筭之器投壺亦射之類故司射於西堦上奉中北面也。使人執壺者謂主人使人執所投之壺於司射之西而北面也所以皆在西階上者欲就賓處也唯云使人不言官者以賤略之也。某有枉矢哨壺者枉謂曲而不直也哨謂哨峻不正是主人謙遜之辭。某既賜矣又重以樂敢辭者賓稱主人設酒肴以待已是某既受主人之賜矣主人又請投壺樂已是重以樂也。注士則至北面。正義曰士則鹿中案鄉射記云大夫兕中士鹿中此篇投壺是大夫士之禮故云士則鹿中不云兕中者略之也知此投壺是大夫士禮者以經云主人請賓是平敵之辭與鄉飲酒鄉射同故知是大夫士也若諸侯則燕禮大射每事云請於公不得云主人請賓也此既非諸侯之禮而經云奏貍首者別取燕飲之義非謂尊卑之詩其諸侯相燕亦有投壺故左傳云晉侯與齊侯燕投壺然則天子亦有之但古禮亡無以知也其中之形刻木爲之狀如兕鹿而伏背上立圜圈以盛筭云奉之西階上北面者案鄉射禮將射之時司射升自西階階上北面告於賓故知此司射奉中在西階上北面其執壺之人賤於司射故在司射之西以凡行禮統於主人雖俱在西堦而當尊東故燕禮大射宰夫代公爲主人與賓俱升西階而主人在東也。注燕飲至射也。正義曰知既脫屨升堂主人乃請投壺也者案燕禮取俎以出卿大夫皆降賓反入及卿大夫皆脫屨升就席羞庶羞之後乃云若射則大射正爲司射則知此亦在脫屨升堂之後若鄉射之禮則在飲酒未旅之前爲射以其略衆庶禮重故早射異於燕射也

賓再拜受主人般還曰辟賓再拜受拜受矢也主人既辟進授矢兩楹之間也。般步干反下同還音旋下同辟音避徐扶亦反注及下同主人阼階上拜送賓盤還曰辟拜送送矢也辟亦於其階上。

疏 賓再至曰辟。正義曰此一經論賓與主人受矢送矢之節。賓再拜受者賓既許主人投壺賓乃於西階上北面再拜遥受矢也主人般還曰辟者主人見賓之拜乃般曲折還謂賓曰今辟而不敢受言此者欲止賓之拜也於是賓及主人各來兩楹之間相就俱南面主人在東授矢與賓。主人阼階上拜送者主人既授矢之後歸還阼階主北面拜送矢也。賓般還曰辟者賓授矢之後歸於西階上見主人之拜賓亦般還而告主人曰今辟而不敢受之言此者亦止主人拜知皆北面者案鄉飲酒鄉射拜受爵送爵皆北面故知亦當北面熊氏云以拜時還辟或可東西面相拜又以曰辟者是贊者來辭告主人及賓言曰辟義亦通也

已拜受矢進即兩楹間退反位揖賓就筵主人既拜送矢又自受矢進即兩楹間者言將有事於此也退乃揖賓即席欲與階進明爲偶也賓席主人席皆南鄉間相去如射物。鄉許亮反

疏 已拜至就筵。正義曰此一經明賓主受矢之後就投壺之筵。已拜受矢者謂主人拜送矢之後主人贊者持矢授主人主人於阼階上受矢也。退即兩楹間退反位者主人受矢之後乃獨來就兩楹間者言將有事於此也賓

投壺處所乃却退反阼階之位。揖賓就筵者主人於阼階之上西面揖賓令就投壺之筵於是賓主各來就筵。注退乃至射物。正義曰云退乃揖賓者解經退反位揖賓也所以揖之者欲與賓俱即席相對爲偶而共投壺云賓席主人席皆南鄉間相去如射物者以壺在於南故知投壺南鄉也投壺是射之類故知席相去如射物也物謂射者所立之處物長三尺闊一尺三寸兩物東西相去容一弓故鄉射記云物長如笴其間容弓距隨長武注云笴長三尺距隨者物橫畫也

司射進度壺間以二矢半反位設中東面執八筭。興 度壺度其辨設之處也壺去坐二矢半則堂上去賓席主人席邪行各七尺也反位西階上位也設中東面既設中亦實八筭於中橫委其餘於中西執筭而立以請賓俟投。度徒洛反注同以二矢半一本無此四字依注則有筭悉亂反下皆同處昌許反坐才臥反又如字下同邪似嗟反。

疏 司射至筭興。正義曰前經賓主既就筵此經明進度壺并筭之節。司射進度壺者同射於西階之上於執壺之人處受壺乃東鄉來賓主筵前進所量度其壺置於賓主筵南。間以二矢半者投壺有三處室中堂中及庭中也日中則於室日晚則於堂太晚則於庭是各隨光明處也矢有長短亦隨地廣狹室中狹矢長五扶堂上稍廣矢長七扶庭中大廣矢長九扶四指曰扶扶廣四寸五扶者則二尺也七扶者則二尺八寸也九扶者則三尺六寸也雖矢有長短而度壺皆使去賓主之席各二矢半也室中去席五尺堂上則去席七尺庭中則去席九尺。反位者司射度壺既畢反還西階上位。設中者司射西階上取中稍進東面而設中也。東面執八筭興者既設中之後於中西東面手執八筭而與起其中裏亦實八筭。注亦實八筭於中橫委其餘於中西。正義曰此約鄉射文實八筭於中今此投壺射之類故云亦實八筭於中亦者亦鄉射也。

請賓曰順投爲入比投不釋勝飲不勝者正爵既行請爲勝者立馬一馬從二馬三馬既立請慶多馬請主人亦如之 請猶告也順投矢本入也比投不拾也勝飲不勝言以能養不能也正爵所以正禮之爵也或以罰或以慶馬勝筭也謂之馬者若云技藝如此任爲將帥乘馬也射投壺皆所以習武因爲樂。比毗志反頻也徐扶質反注同勝欲上尺證反下於鴆反注及下同爲于僞反勝者立馬俗本或此句下有一馬從二馬五字誤拾其劫反下文及注皆同技其綺反任音而林反將子匠反帥色類反樂音洛。

疏 請賓至如之。正義曰此一經明司射告賓主以投壺之法。順投爲入者司射執八筭起而告賓黨爲投壺之法也順本也言矢有本末投矢於壺以矢本入者乃名爲入則爲之釋筭也若矢以末入則不名爲入亦不爲之釋筭也。比投不釋者比頻也又賓主投壺法要更遞而投不得以前既入喜悅不待後人投之而已頻投頻投雖入亦不爲之釋筭也。勝飲不勝者又告云若投勝者則酌酒飲於不勝者也正爵既行者又說飲法也正爵謂勝飲不勝之爵也以其正禮故謂爲正爵既行謂行爵竟也。請爲勝者立馬者此謂行正爵畢而爲勝者立馬者則反取筭以爲馬表於勝數也必謂筭爲馬者馬是威武之用爲將帥所乘今投壺及射亦是習武而勝者自表堪爲將帥故云馬也。一馬從二馬者每一勝輒立一馬禮以三馬爲成若專三馬則爲一成但勝偶未必專頻得三若勝偶得二劣偶得一一既劣於二故致取劣偶之一以足勝偶之二爲三故云一馬從二馬然定本無此一句。三馬既立請慶多馬者若頻得二成或取彼足爲三馬是其勝已成又酌酒慶賀於多馬之偶也。請主人亦如之者司射請賓之黨爲每事並應曰諾竟而司射又請主人事事亦如賓而主人皆亦曰諾如賓也案鄉射司射請賓於西階上請主人於阼階上則此請賓請主人皆亦就賓主之前也。注正爵至爲樂。正義曰此經正爵謂罰爵故下別云三馬既備請慶多馬今鄭注或以罰或以慶則慶馬勝筭亦爲正爵者鄭通而解之罰慶俱是正爵故下文云正爵既行請徹馬彼謂慶爵亦稱正爵也案鄉射禮三耦先射賓主乃射以射禮重也此投壺不立三耦以投壺禮輕故也

俠風

古詩本

見列子說符篇注引古詩注

詩

詩莫笑鳥巢時比安復鳥巢

穆那子外翻在下　獨守空巢

古民

列子記林類居氏甘棠之前人也節

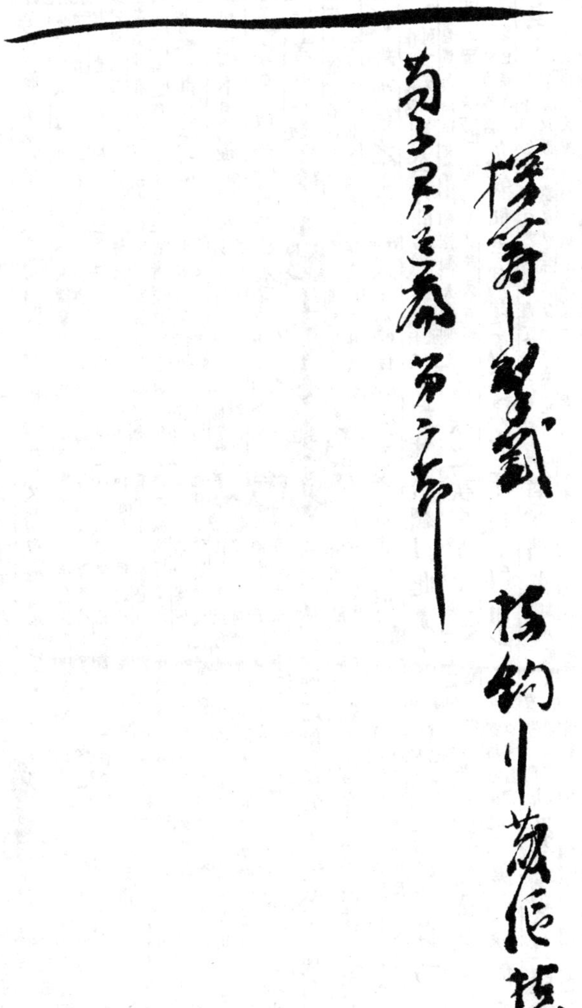

〇夏四月〇秋八月甲午宋萬弑其君接〇及其大夫仇牧及者何累也弑君多矣
舍此無累者乎孔父荀息皆累也舍孔父荀息無累者乎曰有 復反殺發傳者樂道人之善也孔子曰益者三樂損者三樂樂節禮
樂樂道人之善樂多賢友益矣樂驕樂樂佚遊樂宴樂損矣〇接左氏作捷仇牧音求下音木舍音捨下舍孔父同復扶又反年未同覆芳服反驕樂音洛下宴樂同 【疏】宋萬弑其君接〇解云正本皆作接字故賈氏云公羊穀梁曰
接是也〇及者何〇解云尊卑灼然而言及以殊之故執不知問〇孔父荀息皆累也〇解云孔父之累在桓二年荀息之累在僖十年〇曰有〇解云欲指文公十八年叔仲惠伯被殺之事〇注復反至之善也〇解云謂桓二年已有此傳
矣〇注孔子曰至損矣〇解云樂皆是發心之樂唯有禮下一樂是禮樂之樂耳言樂節禮樂者言樂得禮樂之節言樂道人之善者謂口道之道言樂佚遊者樂欲遊從言樂宴樂者樂欲安樂而好內矣 有則此何以
書賢也何賢乎仇牧 据與孔父同也 【疏】注据與孔父同〇解云案桓二年傳云何賢乎孔父彼注云据叔仲惠伯不賢今此傳云何賢乎仇牧者亦與孔父同据故言据與孔父同 仇牧
可謂不畏彊禦矣 以下録萬出奔月也禦禁也言力彊不可禁也〇禦魚呂反 【疏】注以下至月也〇解云即下文冬十月宋萬出奔陳注云月者使與大國君奔同例明彊禦也是 其不畏
彊禦奈何萬嘗與莊公戰 莊公即魯莊公戰者乘丘時 【疏】注戰者乘丘時〇解云即上十年公敗宋師于乘丘是也 獲乎莊公莊公歸散舍
諸宮中 散放也舍止也獲不書者士也 【疏】注獲不書者士也者〇解云公羊之例大夫見經故也 數月然後歸之歸反為大夫於宋與閔公博
傳本道此者極其禍生於博戲相慢易也〇數所主反公博如字戲名也字書作薄易以豉反 【疏】歸反至於宋〇解云歸而反國乃為大夫於宋矣 婦人皆在側萬曰甚矣魯侯之
淑 淑善 魯侯之美也 美好 天下諸侯宜為君者唯魯侯爾 萬見婦人皆在側故訐閔公以此言言閔公不如魯侯美好〇訐九列反九謁反一音九刈反又一
本作揭其例去列二反 閔公矜此婦人 色自美大於此婦人 妒其言顧曰此虜也 顧謂側婦人曰此萬也虜執虜也〇妒丁故反 爾虜焉故 爾女也謂
萬也更向萬曰女嘗執虜於魯侯故稱譽爾〇爾女音汝下同稱譽音餘又音預 魯侯之美惡乎至 惡乎至猶何所至〇惡音烏注同 萬怒搏閔公絶其脰 脰頸也齊
人語〇搏音博脰音豆脛也 仇牧聞君弑趨而至遇之于門手劍而叱之 手劍持拔劍叱罵之〇叱昌實反 萬臂摋仇牧碎
其首 側手曰摋首頭〇萬臂必賜反本又作辟姍亦反摋素葛反又素結反側手繫也 齒著乎門闔 闔扇〇著直略反門闔戶臘反門扇也 仇牧可謂不畏彊禦矣
猶乳犬攫虎伏雞搏貍精誠之至也爭搏弑君而以當國言之者重録彊禦之賊禍不可測明當防其重者急誅之〇乳如住反攫俱縛反又九碧反一本作搏又音付伏扶又反貍力之反 【疏】注猶乳至之至也〇解云言仇牧知力不
敵而有討心亦有精誠之至也以若乳之犬不憚猛虎伏雞愛子掇命敵貍之類故比之〇注爭搏弑至急誅之〇解云當國者即言宋萬是也故隱四年衞州吁弑其君完傳云曷為以國氏當國也者是也

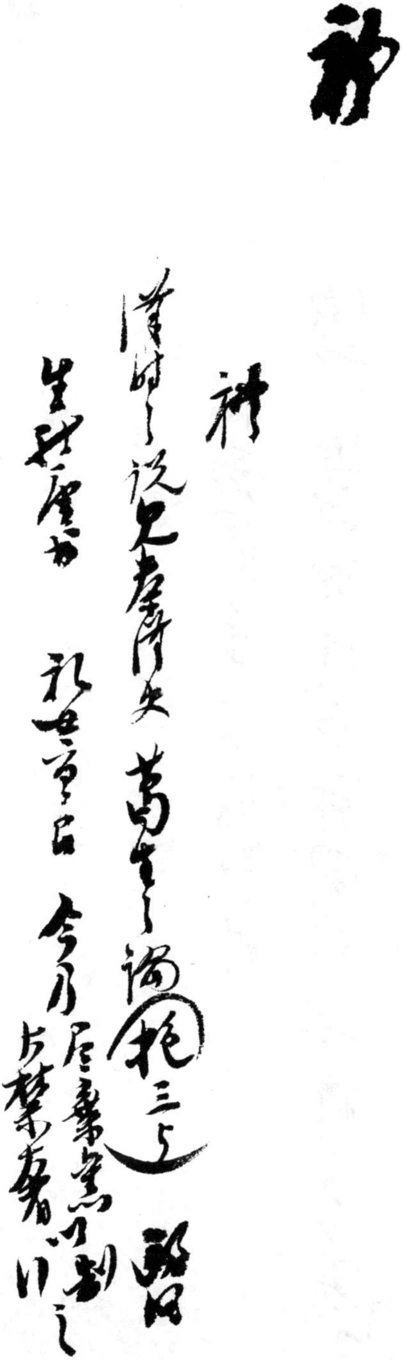

禮

漢郡國以季春行鄉射禮

儀禮鄉射禮注「今郡國行此禮以季春」

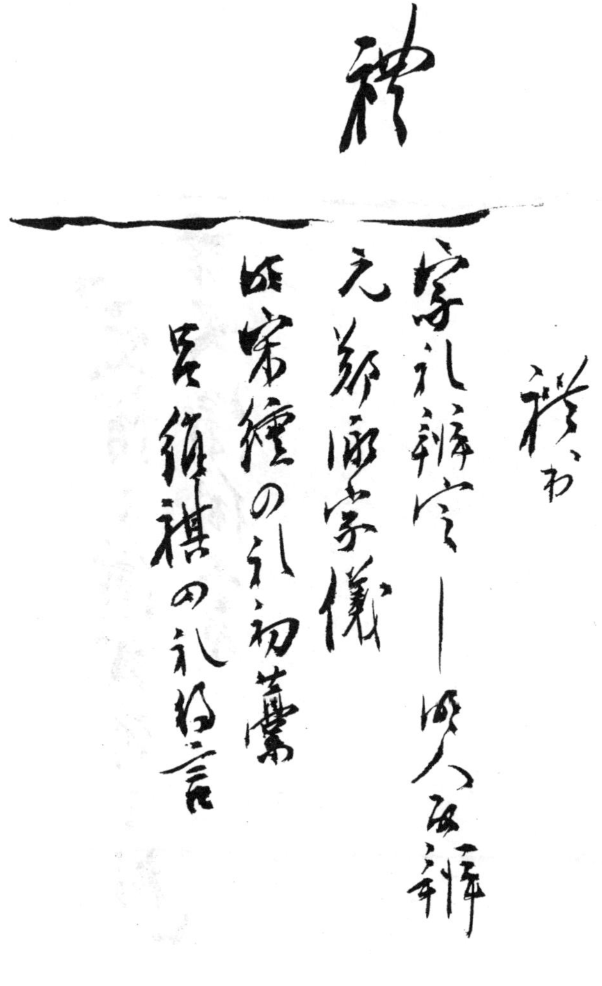
禮

諸

「文備之儀式謂之衛」

宋史儀衛志序

礼

具裝一馬鐙

見宋史儀衛志（1485）

札

此冊史札共九條大字光以親識者翻錄

[illegible]

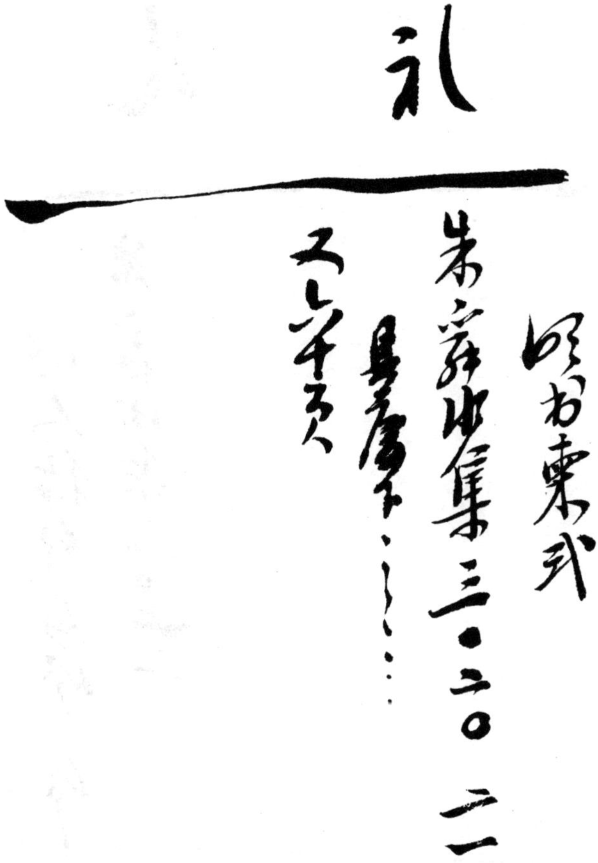
礼

札

此人稱作何作之作

第二辭收集三•二一

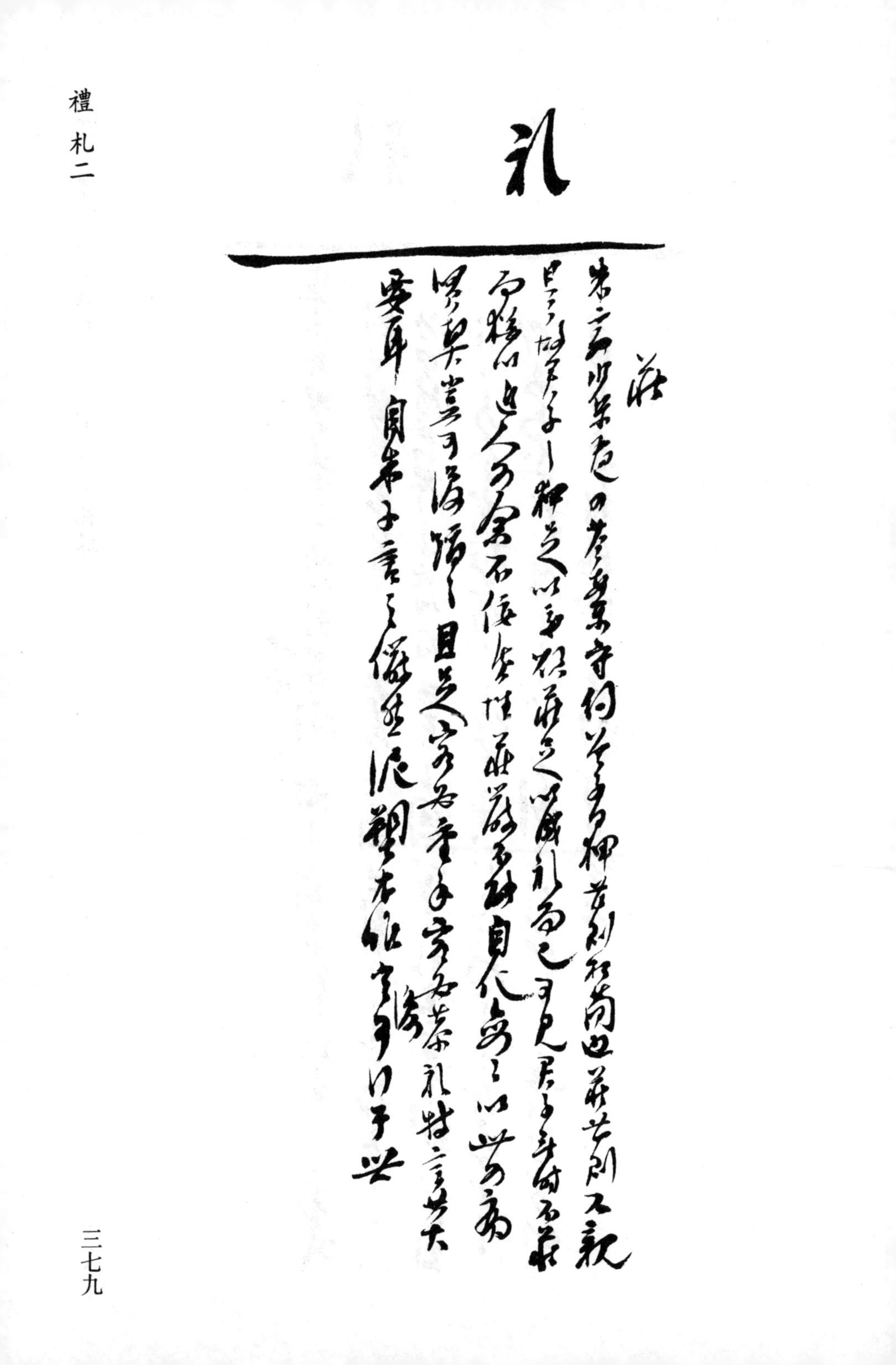

礼

[illegible]

札

朱舜水集卷三　答野節問　問……國家之禮制……史

則其婚為主家廟……而今……則其婚……之家祠者……

次日謁其婚年舊日與夫人國家之禮去家之制……之制

……古之家於家廟……從家之於……嚮……但家之于

野之家當於廟……其未制之禮……無祠堂

古之未經行……未制而施行

禮

去禘祭已而復設。續通鑑：宋太祖開寶元年，先是帝入太廟，見其所陳籩豆簠簋，問曰：此何等物也？左右以禮器對。帝曰：吾祖宗寧識此？亟命撤去，進常膳。和半出。既而曰：古禮亦不可廢也。命復設之。（冊據見考異五61上）

三禘曰：北魏國本紀當帝即位之年（[illegible]）六年九月……怡謝慶祥

此時以三禘國禮（甲）止

另紙所示一節 乙既别無他子外 小乙似乎亦能作兩祧不能作完全過從于甲 計文如作兩祧式則開首仍作不著○○羅蘗云云 下叙名處作兩祧慈侍下 孤哀子○○○泣血云云

是否有當何

請之

此行近人往往有用本 慈命稱哀者 其實不通矣 但用之從母者可也者 稱本 祖慈命者有竟稱本 慈命者哀與不哀豈能以他人命之耶

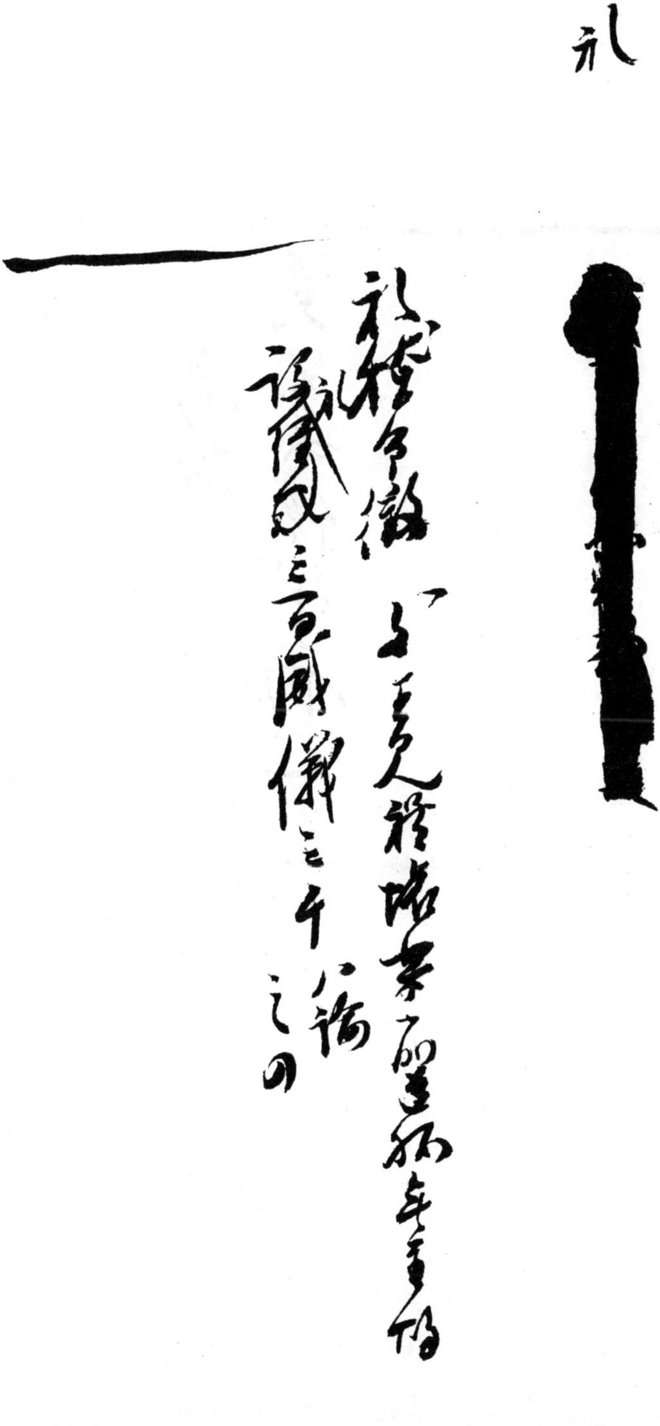

鳴鞭

見宋史儀衛志（148 十）

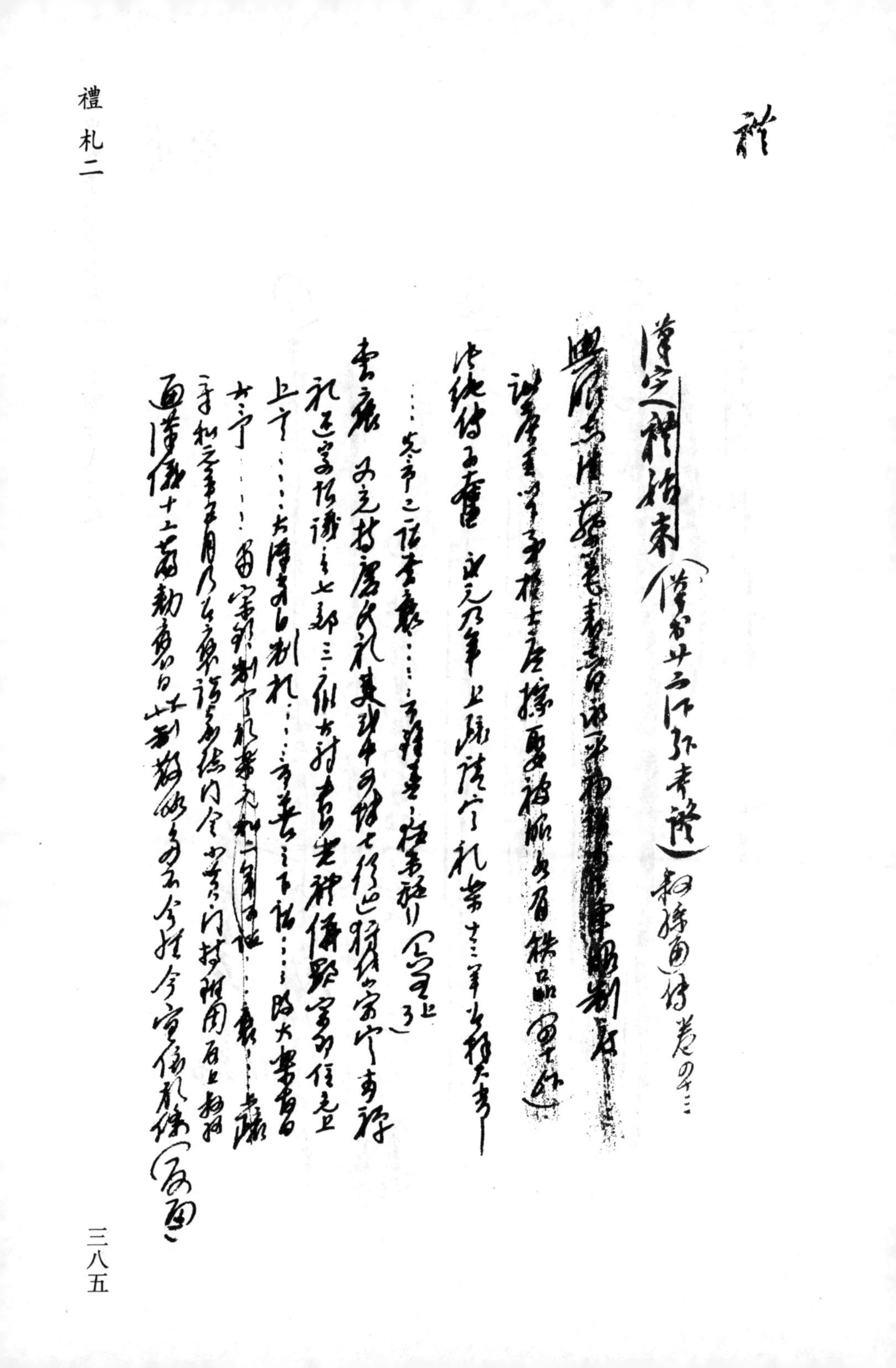

禮

[illegible]

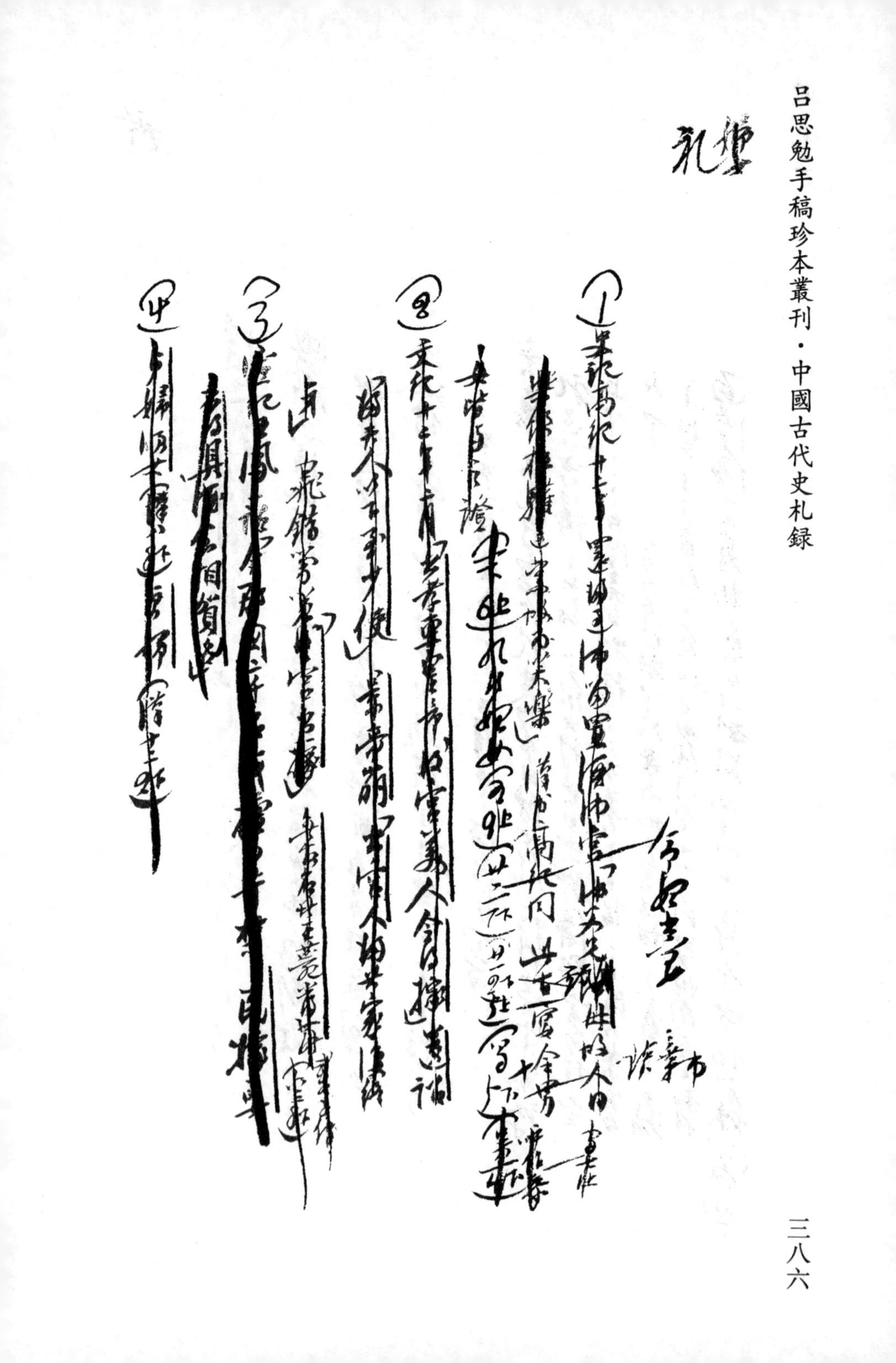

札叢

（丁）宋紀高紀十七年[illegible]地[illegible]沖南置海沖宣口[illegible]頭[illegible]于[illegible] 何如[illegible] 諸[illegible]

[illegible]（注）[illegible]高兵同 廿[illegible]宣會[illegible]十[illegible]

[illegible]

宋[illegible]孔[illegible]（卅二下）（卅一下）[illegible]

（戊）宋紀十七年有[illegible]孝[illegible]帝[illegible]宋[illegible]人[illegible]

[illegible]使[illegible]帝[illegible]

（己）[illegible]風[illegible]

[illegible]

[illegible]具[illegible]目[illegible]

（甲）[illegible]（卅下）[illegible]（陪廿上下）